그리스 인문 기행

그리스 인문 기행

고전 들고 떠나는 펠로폰네소스 유랑기

1

남기환 지음

상상출판

그리스로 들어가는 입구는 '인간'이며, 출구는 '자유'다.

꽤 오래전부터 그리스의 섬과 바다를 동경했다. 특별히 지중해 외딴 섬 낮은 능선에 앉아 햇살에 반짝이는 먼바다를 바라보는 내 모습을 상상하면 저절로 눈이 감겼고, 눈이 감기면 따스한 봄날의 포도나무 이파리가 팔르락 팔르락 나부끼는 지중해의 바람이 온몸을 감싸고도는 느낌이 나는 몹시도 좋았다. 하지만 달콤한 희망이었다.

역사와 신화의 경계가 모호하고 철학적 주제가 복잡하게 얽힌 나라가 그리스다. 그 까닭에 그리스를 여행하며 글을 쓴다는 것은 방대하고 어려운 주제여서 쉽게 엄두 내지 못했다. 여행을 시작하기 전부터 많이 고민해야 했으며, 특별히 고대 그리스의 사상, 예술, 신들을 이해하기 위해서는 욕망 그리고 소유와 집착에서 벗어나야만 했다. 명예나 물질적 소유로 자신을 드러내는 데 사로잡혀서는 다다를 수 없는 세계, 발을 디뎠다 해도 깊이와 향기를 이해하기 힘든 땅이 그리스이기 때문이었다.

『그리스인 이야기』의 저자인 시오노 나나미는 고대 그리스를 탐색하기 위해 헤로도토스와 투키디데스, 플라톤과 아리스토텔레스 그리고 풍자 희극 작가인 아리스토파네스 등 여러 작가의 작품을 반드시 거쳐야 할 저작으로 소개했다. 또한 평상시 성서처럼 몸에 지니고 다니는 책이 몇 권 있었는데, 그것들 중의 하나가 헨리 데이비드 소로의 『월든』이다. 그는 『월든』 호숫가에 톱과 망치를 들고 오두막을 짓는 동안 『일리아스』와 『오디세이아』를 읽지 못하는 아쉬움을 드러냈다. 그는 '인류의 생각을 담은 가장 고귀한 기록'이라고 그리스 고전을 평가했다. 그리스를 흥미롭게 여행하는 방법의 하나는 오래된 기록, 고전을 살펴보는 것이라는 말에 나는 동의했고 토를 달지 않았다.

그리스 여행의 첫 단계로 먼저 그리스 고전을 찾아 읽기 시작했다. 대표적인 것이 호메로스의 『일리아스』와 『오디세이아』, 헤로도토스의 『역사』다. 그리고 그리스가 낳은 20세기 위대한 작가 니코스 카잔차키스의 전집을 두루 살펴 읽었다. 유럽을 여러 번 다니면서도 그리스만은 오랜 시간 두고두고 파헤치며 누려야겠다는 생각을 오래전부터 해 왔으니, 서두르지 않고 기원전부터 현대에 이르기까지 그리스인이 남긴 책을 찾아 읽는 데 적지 않은 시간을 보냈다. 그러자 호메로스에서 니코스 카잔차키스에 이르기까지 이야기들이 하나의 문을 관통하고 있다는 것을 자연스럽게 깨닫게 되었다. 그것은 그리스로 들어가는 단 하나의 입구는 '인간'이고, 단 하나뿐인 출구는 '자유'라는 것이다.

처음 석 달간의 펠로폰네소스 여행을 마쳤다. 그러자 그리스 여행 이야기를 친구들과 나누는 것은 자연스러운 일이라고 생각했다. 이어서 또 석 달 가까이 그리스의 섬과 바다를 떠돌아다니자, 그동안 보고 느낀 경험에 대한 인식을 정리하여 공유하는 것이 당연하단 생각도 들었다.

역사와 신화의 경계가 모호한 그리스 세계를 여행하기 위해서 그리스 고전은 중요한 요소라고 생각했다. 그리스 고전을 읽어 주는 여행으로 시작되었다 해도 과언이 아니다. 이 여행기를 읽고 덮으면 평소 쉽게 접할 수 없었던 그리스 고전 몇 권을 읽은 것 같은 독서의 기쁨도 주고 싶었다. 그러자 형식이 고민거리가 되었다. 나는 잘 짜인 템플릿 같은 구성을 좋아하지 않기 때문이다. 인문학 기행문이라고 쓰기 시작했지만, 전적으로 그렇지도 않다. 역사 기행문이라고 할 수도 없고, 탐사 보고서라고 말할 수도 없다. 어쩌면 여행기를 가장한 인문학서일지도 모르고 인문학을 가장한 여행기일지도 모른다.

자유롭게 썼다. 굳이 전범으로 삼은 책이 있다면 이 책의 곳곳에 등장하는 니코스 카잔차키스의 소설과 여행기가 전부며, 세계 기행 문학의 백미로 알려진 헨리 밀러의 『그리스 기행: 마루시의 거상』이다. 두 작가의 그리스 여행기를 읽을 때면, 그리스 땅을 밟기도 전에 그리스의 섬과 바다를 자유롭게 떠돌아다니는 기분이었다. 직접 체득한 경험적인 요소를 문자로 드러내는 데 있어 얼마나 매혹적인지, 내적 사고의 인식을 언어로 폭발시키는 힘을 나는 가늠할 수 없어 질투가 날 지경이었다. 그들처럼 형식에 구애받지 않고 자유 욕구를 채우며 쓰고자 애썼다.

'인간과 자유와 행복에 대한 이야기'

그리스 역사와 신화의 세계를 들락거리면서 썼다. 호메로스의 『오디

세이아』부터 20세기 그리스가 낳은 위대한 작가 니코스 카잔차키스의
『그리스인 조르바』까지. 그리스의 신전과 유적을 들락거리며 인문학적
인 요소들을 다뤘다. 인간적으로 말한다면 나는 냉철함이 결여된 살아남
은 강자의 섬뜩한 기록인 역사를 전적으로 신뢰하는 편도 아니다. 이 책
은 그리스 고전 읽어 주는 여행 이야기이며 인간의 자유와 행복에 대한
이야기다. 역사든 신화든 이 여행 이야기 속에 등장하는 이야기들은 흥
미로운 여행기를 만들어 주는 요소일 뿐이라는 것을 일러두고 싶다.

우리 모두가 행복해지기를 바라는 마음으로 썼다. 그리스 여행기 제
1권으로 담긴 펠로폰네소스 여행은 갈등과 고뇌로 시작되었지만 자유롭
고 행복한 여정이었다. 그리스의 섬과 바다를 떠돌아다니는 동안은 취한
듯한 기분으로 정신없이 기뻐했으며 즐거움에 취해 아무것도 생각하지
않았다. 한 쪽 한 쪽 넘기며 한 발 한 발 그리스의 옛길을 걷다 보면 지식
은 곁가지이며, 우리는 역사적인 지식이 아닌 인문학적 지혜를 탐구하는
여행자가 되리라는 것을 나는 믿고 있다.

보는 눈이 마음이다. 작가는 책 속에서 자료를 찾겠지만, 독자는 지혜
를 만나기도 한다. 작가 자신에게는 어떠한 형식이든 만족할 수 없는 것
이 글이고, 만족스럽게 끝낼 수 없다는 건 몹시 고통스러운 일이다. 깨진
유리 조각에서도 빛은 반짝인다니, 밤하늘 반짝이는 별처럼 지혜로 가득
한 그리스 고전에 등장하는 이야기도 어렵지 않게 접하는 계기가 되었으
면 좋겠다. 이야기 속으로 들어가기 전에 마지막으로 당부 하나 더 한다
면, 독자 스스로 고난과 역경을 극복해 나가며 이타카로 향하는 오디세
우스라 인식하면서 동시에 그리스의 섬과 바다를 항해는 기쁨을 누렸으
면 좋겠다.

펠로폰네소스
여행에 앞서

따뜻한 어머니의 손, 펠로폰네소스

호메로스 이후 20세기 그리스가 낳은 가장 위대한 작가, 니코스 카잔차키스는 "모레아는 피에 물든 그리스의 뿌리이며, 아테네는 그 뿌리의 최상부에 피어났다"면서 그리스 여행이 펠로폰네소스로부터 시작되어야 한다고 조언한다. 모레아는 중세 베네치아 사람들이 펠로폰네소스 반도가 뽕나무 잎과 비슷하다며 부른 지명이었다. 니코스 카잔차키스에 대해서는 본문 속에서 차츰 소개하겠지만, 그리스 문학사에 큰 족적을 남긴, 그리스인들이 가장 자랑스럽게 생각하는 문인이다. 그의 저작『그리스인 조르바』는 앤서니 퀸(Anthony Quinn)이 열연한 영화〈희랍인 조르바(Alexis Zorbas)〉로 제작이 되어 세계적으로 흥행하기도 했다.

펠로폰네소스 남부를 여행하고『그리스의 끝 마니』를 쓴 패트릭 리 퍼머(Patrick Leigh Fermor)는 손바닥에서 뻗어 나온 손가락 같은 이미지를 '잇몸에서 막 뽑힌 흉측한 치아 같은 세 개의 반도가 들쭉날쭉하게 남쪽으로 내밀고 있다'라고 썼다. 그리고 2018년 노벨문학상 수상자이자 폴란드의 소설가, 올가 토카르추크(Olga Tokarczuk)는 펠로폰네소스야말로 가장 아름다운 모양이라고 생각한다고 했다. 그녀는 손바닥을 펼친 모양의 펠로폰네소스 지형을 "위대한 어머니의 손 모양을 닮았다"고 말하며 '자식을 씻길 목욕물의 온도가 적당한지 확인하기 위해 물속에 담근 어머니의 손'으로 표현한다.

지도를 펼치면 펠로폰네소스의 생김새가 흉측한 괴물의 잇몸 같기도 하고 따뜻한 어머니의 손바닥을 펼쳐 놓은 것 같기도 하다. 또, 파릇파릇하게 물이 오른 뽕나무 잎 같기도 하다. 이처럼 펠로폰네소스를 여행한 작가마다 표현이 다르다. 펠로폰네소스를 달리 표현한 이들 작가를 불러들인 것이 다소 생소할 수 있지만, 그리스의 펠로폰네소스가 얼마나 매력적인지를 가늠해 볼 수 있게 한다.

펠로폰네소스를 구성하고 있는 도시들을 보면 코린토스가 있다. 코린토스에서 남서쪽으로 조금 지나면 황금이 풍요로웠던 미케네가 있으며, 그보다 남서쪽으로 조금 더 내려가면 아르골리스(Argolis)가 있다. 그곳에서 남쪽으로 펠로폰네소스반도 남부의 평야를 가로질러 흐르는 에우로타스강 유역에 스파르타가 있다. 아르고스와 미케네와 스파르타, 이들 세 도시는 고대로부터 중세 모레아로 불리던 시절까지 펠로폰네소스반도를 구성하고 있는 가장 강력한 도시들이었다. 그 밖에 신성한 숲으로 알려진 제우스의 성소, 고대 올림픽 경기가 열렸던 올림피아가 있다. 그리고 또 다른 신성한 숲이 있는데 서양 인류 문명의 출발이라고 볼 수

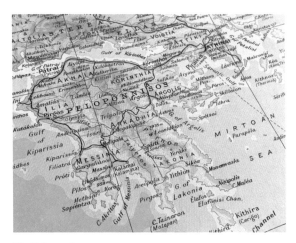

펠로폰네소스 지도
펠로폰네소스는 그리스 남부의 반도로 그리스 면적의 3분의 2를 차지하고 있으며, 코린토스 운하를 사이에 두고 본토와 연결되어 있다. 고대 그리스 미케네 문명과 신화, 트로이 전쟁의 배경이 된다.

있는 아스클레피온 신전이 있는 에피다우로스다. 이들 도시와 성지로 구성이 된 펠로폰네소스를 고대 그리스인들은 '펠롭스의 섬'이라고 불렀다.

인물들은 이름이 생경하고 쉽게 기억되지 않겠지만 계속해서 등장하므로 곧 익숙해지리라 믿는다. 먼저 펠롭스는 제우스의 손자이며 탄탈로스의 아들이다. 펠롭스의 두 아들은 권력 때문에 골육상쟁을 서슴지 않은 아트레우스 형제이며, 아트레우스의 두 아들이 트로이 원정대를 이끈 아가멤논과 헬레네의 남편 메넬라오스다. 펠로폰네소스는 이들 펠롭스 일가의 피가 흩뿌려진 땅이며, 지상에서 가장 아름다운 헬레네의 비극적인 부드러움과 따뜻한 숨결이 공존하는 땅이다.

그런 연유일까? 폴란드의 소설가 올가 토카르추크는 아마도 어머니의 신, 헤라의 애틋한 마음을 읽은 것 같다. 본인도 펠로폰네소스를 생각하면 '따뜻한 어머니의 손바닥'이라는 수식이 가장 잘 어울릴 것 같다는 생각이 들었다. 2,800여 년 전에 쓰인 고전에 등장하는 어머니의 신 헤라는 자기 손바닥 위에 펠로폰네소스를 펼치며 애틋한 감정을 이렇게 드러낸다. 물론 고전 문학에 가장 위대한 족적인 『일리아스』와 『오디세이아』의 저자이며, 음유시인으로 추정되는 호메로스의 표현이다.

"내가 가장 사랑하는 세 도시는 아르고스와 스파르타와 길이 드넓은 미케네예요."

목차

 1장 헬라스의 별, 코린토스

2장 황금의 땅, 미케네

1장

헬라스의 별,
코린토스

코린토스로 들어가며

| 에피레와 헬라스의 별 |

'아르고스 중심부에는 말의 목초지인 에피레(Ephyre)라는 도시가 있는데, 거기에는 인간 중 가장 교활한 아이올로스의 아들 시시포스가 살고 있었다.'[1]

그리스 신화를 체계적으로 정리한 아폴로도로스*Apollodoros*의 『그리스 신화*Bibliotheke*』와 호메로스의 『일리아스』를 참고하면 '헬라스'는 그리스 세계를 통칭하고 있으며, 헬레네*Hellen*는 그리스인의 시조다. 말하자면 그리스인은 모두 헬레네의 자손이며 헬라스인이라는 의미다. 헬레니즘도 헬레네에서 유래했다.

코린토스*Corinth*는 헬레네의 아들이자 바람의 신, 아이올로스*Aeolus*의 아들 시시포스가 세운 도시다. 목초지에 불과했던 이곳이 풍요로운 땅으로 변모하는 데는 시시포스의 역할이 컸다. 그는 건조하고 메마른 땅

코린토스 풍경

에 꾀를 내 신성한 샘을 만들어 내는데, 이 샘을 통해 물을 대기 시작하면서 코린토스는 풍요로워졌다.

아테네와 스파르타 세력 간에 긴 전쟁(B.C. 431~B.C. 404)을 다룬 투키디데스*Thukydides*의 『펠로폰네소스 전쟁사』에는 '코린토스는 지협에 자리 잡고 있어 먼 옛날부터 상업의 중심지였다'라고 쓰였다. 오늘날 작가들의 표현과 다르지 않다. 투키디데스는 기원전 465년 전후에 태어난 역사가이다. 그가 말하는 먼 옛날은 짐작건대, 트로이 전쟁이 있었던 기원전 1200여 년쯤이다. 호메로스가 남긴 기록을 참고하고 있다는 것을 알수 있는데, 호메로스는 트로이 전쟁에서 죽은 자에 관해 이야기하던 중에 '풍요로운 코린토스 출신'이라는 표현을 쓴다. 그리고 코린토스의 보물 창고에 금괴는 물론 '아시아의 리디아에서 델포이로 보낸 봉헌물을 보관했다'는 기록도 볼 수 있다.

기원전 1200년쯤 미케네 문명이 사라지기 전까지의 신화와 같은 코린토스의 번영에 대한 이야기다. 기원전 800년쯤 바키아다이*Bakkiadai* 라고 불리는 가문이 등장하며 코린토스는 다시 별처럼 반짝이기 시작한다. 이때 먼바다 너머 이오니아해의 작은 섬 케르키라*Cercyra*를 식민지로 두기도 했다. 이어서 바키아다이 일족을 내쫓고 등장한 키프셀루스*Cypselos*와 그의 대를 이은 페리안드로스가 기원전 657년부터 기원전 550년에 이르기까지 참주정僭主政을 이어가는 동안 코린토스는 전 그리스 세계에서 가장 번영한 도시로 소개되기 시작한다.

이처럼 코린토스는 풍요로운 도시를 상징하고 있다. 얼마나 부유했는지 코린토스 아크로폴리스의 아프로디테 신전까지 도시의 번영과 명성에 기여한 이야기가 흥미롭다. 이 타락하고 부유한 도시를 그리스인들은 헬라스의 수많은 도시 가운데 '헬라스의 별, 코린토스'라고 불렀다.

코린토스 운하와
디올코스(Diolkos)

| 빠르게 더 빠르게 |

'고대 그리스의 사상, 예술, 신들을 이해하기 위해서는 그리스의 땅,
돌, 물, 공기를 체험해야 한다.'[2]

호메로스 이후 20세기 그리스 최고의 문학가 니코스 카잔차키스는
그리스를 이해하기 위해서는 육체를 필요로 한다고 조언한다. 이렇게
정직하고 세련된 조언이 또 있을까? 그는 실제로 1912년부터 1937년
그의 나이 47세가 되던 해까지 여섯 차례에 걸쳐 펠로폰네소스를 여행
했다. 그리고 펠로폰네소스 여행기『모레아 기행』을 남겼다.

그가 조언한 대로 두 발로 걸었다. 얼마나 걸었는지 모르겠다. 날이
흐려지고 있었다. 반짝이던 정오의 햇빛은 흐릿한 구름 속으로 사라졌
다. 운하는 거대한 바위를 칼로 베어 낸 모습이며, 펠로폰네소스와 그리
스 본토를 잘라 낸 절벽은 가혹하여 포근함이나 따뜻함이 없다. 초라함

코린토스 운하(Corinth Canal)
그리스 면적의 20%를 차지하는 펠로폰네소스반도와 그리스 본토의 지협에 건설된 운하다. 에게해와 이오니아해를 가로막고 있는 지협을 뚫어 연결했다. 1881년부터 1893년에 걸쳐 완공을 했다. 24m의 좁은 폭 때문에 작은 관광선 정도의 소형 선박 이동에 이용되고 있다.

도 없다. 가파른 절벽은 훨훨 나는 작은 나비 한 마리 앉을 만한 자리가 없으며 이따금 쏟아지는 햇빛도 잠시 머무를 틈 없이 수직으로 쏟아진다. 쭉 뻗은 물길은 깊고 푸르며 잔잔했다. 대지와 대지가 직선으로 흐르는 바다를 사이에 두고 대등하게 아우르고 있으며, 날카롭게 베어 낸 모습은 무한한 화폭 같아 보이니 24m의 물길을 따라 수직으로 펼쳐진 양 절벽에다가 그림을 그려 넣고 싶은 욕망이 생겨났다.

거인의 모습으로 '쩍' 갈라진 코린토스 운하를 사이에 두고 앉았다. 한쪽 손에는 나이프를 들고 한쪽 손에는 붓을 죽죽 그어 가며 이쪽부터 저

쪽까지 제우스를 중심으로 올림포스 신들의 만찬을 그려 넣으려는 순간, 여객선 하나가 좁은 통로 한가운데로 서서히 조심스럽게 미끄러져 들어온다. 에게해에서 펠로폰네소스반도를 둘러싼 사로니코스만*Saronic Gulf*을 지나온 것이다. 선장이 조금만 방심하면 배의 옆구리가 스쳐 찢겨나갈 것처럼 아슬아슬하다.

수직으로 갈라진 절벽에 제우스를 중심으로 최후의 만찬을 그려 보겠다는 상상은 실패로 돌아갔다. 코린토스 운하를 항해하는 여객선을 바라보는 것으로 나의 펠로폰네소스 여행은 시작되었다.

기독교인이라면 사도 바울이 코린토스의 그리스도교도에게 보낸 편지(「고린도전서」)를 모를 리 없고, 어린 시절부터 코린토스 운하를 들어 보지 못한 사람은 없을 것 같다. 조금 더 흥미로운 이야기가 있다면 고대 그리스 희극 작가인 아리스토파네스*Aristophanes*가 만들어 낸 코린토스에 대한 유행이다.

"빠르게! 더 빠르게! 코린토스처럼."

예나 지금이나 어떤 대상에 에너지를 가해 발전된 변화를 끌어낼 수만 있다면, 그것은 획기적인 번영으로 이어진다. 그런 번영은 어느 시대나 이루고 싶은 욕망의 대상이 될 수밖에 없다. 2,500여 년 가까이 지난 지금도 '코린트식처럼 빠르다'라는 한마디 말만 떠올리면 당시 코린토스에서 벌어진 일들이 생생하게 떠오르면서 코린토스 여행이 좀 더 흥미로워진다.

코린토스는 기원전 8세기를 전후해 그리스 세계에서 정치적·경제적 영향력이 막강했다. 최초로 삼단노선을 건조했으며, 여러 섬을 정복하고 델로스의 아폴론에게 섬 하나를 통째로 봉헌할 만큼의 해군력을 자랑하는 사모스에 배를 제공할 정도였다. 아테네와 아이기나 분쟁 때는 삼단노선을 아테네에 제공하기도 했다. 해상권을 장악하고 경제적 번영을 이루었던 것은 물론이며, 강한 해군력을 이용해 지금의 코르푸^{Corfu}로 불리는 케르키라와 시칠리아섬을 구성하고 있는 고대 도시 시라쿠사에도 식민지를 건설했고 가까이 아스클레피오스 신전이 있는 에피다우로스까지 영향력을 미쳤다. 그리스 본토와 펠로폰네소스를 잇는 좁은 땅에 위치한 지리적 요소 덕분이었다. 그것도 이오니아해와 에게해를 잇는 해상교통의 요지였으니 지협의 양쪽에 하나씩 두 개의 다른 항구를 가지고 해상교통의 흐름을 통제하고 장악할 수 있는 기막힌 도시였다.

코린토스 지협을 가로지르는 운하를 만들어 내기만 하면 더할 나위가 없었다. 이 바다에서 저 바다로 가기 위해 700km에 이르는 너덜너덜한 해안선을 도는 위험한 항해에서 벗어날 수 있었으며 그만큼 거리도 좁혀진다. 시간이 벌리는 것은 당연하고 경제적인 효과는 말할 것도 없었다. 까닭에 코린토스 지협에 운하를 건설하는 것은 통치자 개인적으로는 영광이고 국가적으로는 부흥의 길이 열리는 것이니 욕망의 대상이 될 수밖에 없었다.

일부 역사가들에 의하면 운하를 진지하게 고려한 최초의 인물이 있었다. 코린토스가 타락과 번영으로 이름을 날릴 때의 폭군, 페리안드로스(B.C. 627~B.C 585)다. 구체적인 기록은 찾아볼 수 없었지만, 신탁이 그의 욕망을 꺾어 버렸다는 이야기가 전해진다.

미신과 초자연적 전승에 대한 이야기에 압도당한 그는 신의 뜻대로 운하를 포기할 수밖에 없었다고 한다. 그런 그가 뜻밖에 방식으로 이 바

디올코스
본토와 펠로폰네소스를 잇는 코린토스 운하 서쪽 잠수교를 건너면 바로 만날 수 있다. 코린토스 운하가 뚫리기 전, 코린토스만과 펠로폰네소스반도를 도는 뱃길을 단축하기 위해 만들어진 6km의 돌로 다져진 도로다.

다와 저 바다를 연결했다. 그는 운하가 아니라 육로로 눈을 돌렸다. 지중해에서 이어지는 만과 이오니아해로 연결되는 만을 연결하는 도로를 건설하여 선박과 화물을 운반할 수 있도록 했다. 양쪽 바다를 가로지르는 포장도로를 만들어 낸 것이다. 도로는 아스팔트 포장 위에 평평한 돌을 깔아 길을 냈다. 일명 디올코스^{Diolkos}다.

디올코스는 양쪽으로 드나드는 거의 모든 배가 육지를 통해 옮겨지는 동안 불편이 없도록 체계적으로 항만과 해운 서비스를 발전시켰다. 그에 따른 기반 시설과 인력과 장비까지 갖추었다. 기원전 5세기 그리스 세계에서 아테네 동맹과 스파르타 동맹의 세력 경쟁이 한참 전개되던 시점, 스파르타는 아테네를 육상과 해상으로 공격해 들어가기 위해 코린토스 지협에 동맹을 집결시킨다. 그리고 해군에게 디올코스를 이용해 함선을 코린토스에서 아테네로 향하는 바다로 이동시키라는 명령을 내린다. 디올코스가 상업적으로 사용되었을 뿐 아니라 군사적으로 어떻게 쓰였는지 알 수 있는데, 투키디데스는 그때 상황을 이렇게 기록했다.

'아티카를 침공하기로 포고했다. 그리고 그 목적을 위해 라케다이몬인들은 그곳에 있는 동맹군을 임명하고, 해상과 육지에서 공격하기 위해 군대의 두 부분을 육로로 최대한 빠르게 이동하도록 했다. 먼저 코린토스에서 아테네 쪽 바다로 함선을 운반하기 위해 함선을 육로로 이동시킬 견인 장비를 준비했다.'[3]

많은 수송 인력이 필요했고 진보된 운반 장비도 필요했으며 시간도 걸렸을 터다. 그런데도 이는 뜻밖에 코린토스를 더욱더 부강하게 만드는 데 일조한다. 아무튼 육로로 선박을 옮겨 놓는 데 디올코스가 활발하게 이용되었음에도 6.5km만큼의 코린토스 지협을 갈라 물길을 연결하려는 것은 통치자들에겐 꼭 해야 할 숙제임이 분명했다.

운하를 파내기 위한 시도는 계속되었다. 코린토스를 재건한 로마의 카이사르도 시도했고, 네로 황제는 이 시도를 위해 유대인을 이주시키기까지 했다. 하지만 운하는 완공되지 못했다. 그렇게 운하는 영원히 실현 불가능한 것처럼 보이다가 결국 과학과 문명의 발달로 인류가 우주의 신비를 탐험할 즈음, 1893년에 이르러 완공을 볼 수 있었다. 모든 것은 결국 하나의 이유에 도달한다는 것을 보여 주었다. 아리스토파네스의 유행어 그대로.

"빠르게! 더 빠르게! 코린토스식처럼!"

코린토스 시가

| 코린토스의 여러 가지 상징들 |

비가 한두 방울 떨어지기 시작했다. 나는 코린토스의 저쪽 바다를 향해 계속해서 걸었다. 바다는 시간을 초월해 공간을 내어 주었다. 몇 척의 여객선이 푸른 물을 스치고 지나자, 물결을 일으키며 가라앉았던 잠수교가 수면 위로 올라 다리를 만들었다. 왕복 두 개의 차선을 통해 자동차들이 오고 갔다. 사람들은 몰려다니는 양 떼처럼 바다를 건넜다. 허리를 구부리고 기다리던 노파는 지팡이를 짚어 가며 바다를 건넜다. 자전거를 탄 무리도 지나갔다. 나는 코린토스 신시가지를 향해 계속해서 걸었다.

북쪽 코린트만으로 1.8km 정도 걷자, 포세이도니아 비치가 펼쳐졌다. 해안 길이 지루해질 무렵 청동상 하나를 만났다. 벌거벗은 몸으로 두 다리를 바위에 딛고 원반을 던지는 운동선수처럼 단단한 근육질의 손을 길게 뻗어 무엇인가 던질 태세다.

아르테미시온 브론즈
디올코스가 있는 포세이도니아 비치를 따라 서쪽으로 1.8km 지점에서 만날 수 있다. 포세이돈과 제우스의 구분이 정확하지 않다. 확증할 만한 증거가 불충분하므로 아르테미시온 동상으로 알려졌다.

아테네 고고학 박물관에서 눈에 띄었던 유물 중 하나다. 아르테미시온의 기수*Jockey of Artemision*와 함께 같은 난파선에서 발견된 것인데, 로마가 코린토스를 파괴하고 유물을 약탈해 가는 과정에 아르테미시온곶*Cape Artemision*에 난파된 것으로 추정하고 있는 고대 그리스의 가장 상징적인 유물이다.

원본 작품의 제작 연도는 기원전 460년경으로 추정하고 있는데, 바다의 신 포세이돈으로 보는 학자들이 많으나 제우스로 보는 학자들도 적지 않다. 제우스 상인지 포세이돈 상인지 누구도 확신할 수 없다. 포세이돈이란 명칭도, 제우스란 명칭도 사용하지 않는다. 만일 그가 제우스라면 벼락을 들고 있었을 것이고, 포세이돈이라면 삼지창을 들고 있었을 것이다.

현대 그리스인들은 자신들의 입맛에 맞게 자기들이 원하는 대로 이름을 붙였다. 포세이돈 바다에 세워 놓은 것으로 보아 코린토스 사람들은 포세이돈이라 여기는 것 같다. 그러나 어느 하나에 장단을 맞추기는 어려웠는지 그리스 당국은 동상이 발견된 장소의 이름을 따로 붙여 놓았다. 이름하여 아르테미시온 브론즈*Artemision Bronze*다.

빗방울이 동상 위로 땀처럼 흘러내렸다. 그가 제우스라면 쉬익! 소리를 내며 당장이라도 저 멀리 올림피아의 '신성한 숲'으로 번개라도 던질 것 같다. 그렇지 않으면 겁 없이 대든 아이기나의 아비인 아소포스를 향해 집어 던질 태세를 갖추고 있을지도 모를 일이다. 그가 포세이돈이라면 자신의 아들인 키클롭페스*Kyklopes*를 죽이고 이타카로 향하는 오디세우스의 항해를 방해하기 위해 삼지창을 내려쳐 큰 파도를 일으킬 것 같다.

햇살이 구름 사이로 들락거리는 하늘의 변화무쌍한 모습이 금방이라도 무슨 일이 일어날 것처럼 느껴졌다. 빗방울이 뚝뚝 떨어지는 가운데 계속해서 걸었다. 코린토스 도심 방향으로 포세이도니아 비치를 따라 십여 분 걸었을까. 작은 광장이 나타나면서 하늘을 향해 발굽을 치는 말 한 마리가 천상으로 날아갈 듯 웅대한 모습으로 서 있다.

페가수스 광장을 한 바퀴 돌아 사진을 담다 보니 길 건너편 보행자 도로에 낯익은 여신이 반라의 모습으로 서 있다. 성적 아름다움과 사랑의 욕망을 관장하는 여신답게 그녀도 코린토스의 풍요와 타락을 상징하는 데 빠지지 않는다. 아프로디테다.

페가수스가 있는 광장에서 포세이도니아 비치를 따라 걷다가 뜻밖에 동상 하나를 더 만날 수 있었는데, 소위 견유학파라고 불리는 철학자 무리 중에 가장 이름난 디오게네스다. 그가 정복자 알렉산드로스를

페가수스 동상(Statue of Pegasus)
아르테미시온 동상에서 코린토스만의 포세이도니아 비치를 따라 서쪽 1.3km 지점의 '엘레프테리오스
베니젤로스 광장(Square Eleftherios Venizelos)' 분수대를 장식하고 있다.

만나는 장면이다. 철학자는 광주리 같은 곳에 퍼질러 앉았고 정복자는
그를 바라보고 있다. 천하무적 알렉산드로스와 개 같은 인생을 사는
디오게네스라는 인물이 만났다. 완전히 다른 삶을 살다 간 두 인물 중
에 누가 진정한 인간인가? 이들의 삶에 대해 조금 고찰하고 싶은 욕망
이 생겼다.

  모든 그리스 세계 지도자들이 그랬던 것처럼, 알렉산드로스도 동방
원정을 앞두고 신탁을 듣고 싶어 델포이 신탁을 찾았다. 신탁을 전하
는 퓌티아에게 "지금 당장 페르시아 원정이 성공할 것인지 예언을 듣
고 전하라!" 명하자 여사제가 미소를 지으며 이렇게 말한다.

아프로디테 동상(Statue of Aphrodite)
페가수스가 있는 엘레프테리오스 베니젤로스 광장
에서 도심 방향으로 100m 떨어진 거리에 있다. 고
대 코린토스의 풍요와 타락에 대한 흥미로운 이야
기를 담고 있다. 진품은 밀로스섬에서 발견이 되었
고 루브르 박물관에 전시 중이다.

"당신은 천하무적이시군요."

그 소문을 들은 그리스 도시 국가들은 천하무적의 젊은 왕에게 사신
을 보내 '우리는 당신의 것이며 친구이고 동맹'이라는 뜻을 앞다투어
전하기 시작했다. 알렉산드로스의 영웅담은 그의 호메로스가 되기를
주저하지 않았던 여러 전기 작가들을 흥분시키기에 충분했다.

그는 쉽게 상상할 수 없을 만큼 짧은 시간에 제국을 만들었다. 그를
수행한 부하들의 저항이 없었다면 히말라야산맥을 넘어 내가 사는 땅
까지 발자국을 남기고 말았을 것이란 상상도 나에겐 과하지 않다.

동시대 철학자 디오게네스의 일화를 소개하자면, 흑해 연안에 시노
페라는 도시에서 태어나 자랐다. 훗날 집정관들을 모욕한 죄로 법정에
서 추방 명령을 받은 디오게네스는 보잘것없는 겉모습에도 불구하고
"나도 당신들이 시노페에서 살 것을 선고하오"라며 당당히 선고를 내

리고 시노페를 떠난다. 그는 이후에도 코린토스는 물론 곳곳의 도시를 떠돌며 어떤 조건에도 흔들리지 않고 자신만의 생활을 누리며 살았다. 한번은 그가 대낮에 등불을 켜 들고 거리를 헤매고 다녔다. 사람들이 무엇을 찾고 있는지 묻자 이렇게 대답했다.

"진정한 인간!"

천하무적 알렉산드로스와 개 같은 인생을 사는 디오게네스. 그들이 '진정한 인간'인지 나는 알 수 없지만, 황제가 된 알렉산드로스는 디오게네스에게 인간으로서의 아름다운 격을 느꼈는지 수소문해 그를 찾았다. 디오게네스는 자신이 사는 나무통 밖에 누워 볕을 쪼이고 있었다. 젊은 왕 알렉산드로스가 그에게 다가가 말했다.

"나는 마케도니아의 왕 알렉산드로스요."

그러자 디오게네스는 "나는 개이며 철학자 디오게네스요"라고 자신을 소개하고는 이렇게 말했다.

"햇볕 좀 쪼게 비켜 주실 수 있소."

대왕 앞에서도 거침없는 그의 대답을 들은 알렉산드로스의 수하들은 그를 보며 비웃었다. 그때 알렉산드로스는 이렇게 말했다.

"웃지들 마시게, 내가 알렉산드로스로 태어나지 않았더라면 디오게네스로 태어나고 싶다네."

정복자 알렉산드로스에게 세상은 좁게만 느껴져 불만이었는지, 그가 바라보는 세상 너머는 늘 궁금증 덩어리였다. 그리고 그 너머에 사는 이들은 그리스 정신을 전파해 그들의 정신을 해방시켜야 할 종족들이었다. 하지만 디오게네스에게는 그가 사는 좁은 나무통마저도 하나의 세계이자 넓고 편안한 거처였다. 진정한 인간이 되기까지 어떠한 장애도 없었다. 이는 욕망을 억제할 수 있을 만큼의 강인한 의지로 이르는 경지로, 견유학파라고 불리는 철학자들 사이에 대표적인 철학으로 소개된다. 반면 알렉산드로스는 강인한 의지로 욕망을 분출해 내고야 마는, 정복자 혹은 탐험가나 다름이 없다. 두 사람 모두에게서 찾을 수 있는 것은 어떤 무자비한 권력 앞에서도 굴복하지 않으며 두려워하지 않는 '자유의지'다. 차이는 자유의지로 욕망을 억제하는 삶을 산 것과 욕망을 분출해 내는 삶을 영위한 것이다.

인도의 철인 오쇼는 그들의 사후 세계의 만남을 관찰하고는 "그들은 한날한시에 죽었다"고 말했다. 또, 그들이 재회한 곳은 저승이라면서 처음 만났을 때와 달리 그들은 벌거벗은 모습이었다고 했다. 그러면서 알렉산드로스에 대한 의견을 디오게네스를 대신해 이렇게 말한다.

"만일 나에게 묻는다면 이 한 가지만은 확실하다네. 난 다시 태어나도 알렉산드로스 대왕 같은 인물은 되고 싶지 않네."

디오게네스와 알렉산드로스의 만남을 이쯤에서 마무리하기로 하고, 철학자 오쇼는 디오게네스가 살아 있을 때부터 죽음이 앗아 갈 수 있는 모든 것을 이미 포기했으니 죽음조차도 그에게서는 앗아 갈 게 없다고 말한다. 그리고 알렉산드로스는 언제나 다른 이들을 두려워하고, 민중을 두려워할 수밖에 없기 때문에 주인이 아닌 노예로 살았다는 점을 통찰하며 에고와 자아를 설명한다. 천하무적 알렉산드로스의 인생도, 개 같은 인생을 누리고 간 디오게네스의 인생도 조금은 알 것 같다. 하지만 여행자로 조금 흥미로운 이야깃거리로 불러냈을 뿐 나는 아는 것이 없다. '누가 진정한 인간인가?' 나는 모른다.

펠로폰네소스의 첫 여행지 코린토스 여행은 두 발로 걷는 것으로 시

〈알렉산더와 디오게네스〉, 니콜라 앙드레 몽시오, 1818
철학자 디오게네스와 정복자인 알렉산드로스가 만나는 장면이
연출된 그림이다. 페가수스 광장에서 포세도니아 비치를 따라 서
쪽 1.3km의 칼라미아 비치 해안가에는 이들의 동상이 있다.

작되었다. 걷는다는 것은 결코 게으름이 아니며 느림도 아니다. 지나
는 길에 포도밭에서 싱그럽게 익어 가는 포도송이를 바라보며 미소 짓
고, 은빛으로 반짝이는 올리브 이파리 하나 툭툭 치면 쏟아지는 햇살
에 또 한 번 웃음 짓는다. 그러면 육체는 그리스의 물과 땅을 구성하는
하나의 요소가 된다. 코린토스 운하를 건너 디올코스를 지나 아르테미
시온 동상을 만났고 페가수스 동상도 만났으며 아프로디테 동상도 만
났다. 철학자와 정복자의 만남이 잘 연출된 동상도 만났다. 교통수단
을 이용했으면, 단지 목적지를 향해 달리기만 했다면 보지도 만나지도
못했을 코린토스의 상징물들이다.

　시간은 정오를 막 넘기고 있었다. 오후 3시면 나를 고대 그리스 세
계로 인도할 버스가 도착한다. 처마가 길게 늘어진 작은 카페에서 남

은 시간을 보내기로 했다. 카페는 나이 든 노인과 젊은 여인이 지키고 있었다. 현지에서 생산된다는 붉은 포도주를 주문했다. 아침부터 말 한마디 한 기억이 없으니 아무나 앞에 앉혀 놓고 떠들고 싶은 심정이었다. 마침 식당 카운터를 지키던 노인은 궁금한 것이 많아 보였다. 호기심 어린 눈으로 나를 쳐다보았다. 그리스의 노인은 새로운 이야기를 들으며 낯선 것들로부터 새로운 사상과 철학을 갈구하는 정신적 모험을 추구한다고 책에서 본 적이 있다. 노인이 말을 걸었다. 정말 어떠한 이야기라도 좋으니 좀 풀어 놓으라는 식이다.

아시아의 대한민국에서 왔고 서울에서 나고 자랐다는 식의 이야기는 식상하다는 생각이 들었다. 이미 커피를 내오던 여인의 입에서 낯선 억양이지만 "안녕하세요"라는 익숙한 인사말이 나온 것을 들었으니 말이다. 그는 하얀 머리카락에 꺼칫꺼칫하게 난 구레나룻과 턱수염이 얼굴 반을 덮은 인심 좋아 보이는 일흔여덟의 노인이었다. 뜻밖에도 노인은 먼저 자신의 이야기를 들려줬는데, 젊은 시절 여행 이야기였다. 말을 할 때마다 비뚜름한 표정으로 "휴! 휴!" 하고 큰 숨을 내쉬며 숨 가쁜 표정을 지었다. 얼마나 다양한 사람의 이야기가 나왔는지 이야기를 듣다 말고 큰 하품을 할 뻔했다.

"오!", 식탁을 정리하던 여인이 말했다.

"차가 도착할 시간이에요!"

노인의 이야기에 응대하려던 순간이었다. 고개를 돌리자, 하늘은 파랗게 갰고 그새 시간이 적잖이 흘렀다. 하늘이 얼마나 맑아졌는지 큰 숨 한번 들이켜고 한마디 탄성이라도 낼 지경이었다. 여인은 서두르라는 표정을 지었다. 버스가 바로 코앞으로 다가오고 있었다. 돌아보니 대화 중에 내가 한 말이라고는 고작 우스갯소리도 안 되는 말뿐이었다. 노인은 무슨 말인지도 모르는 것 같았다. 아마 내가 고대 코린토스의 풍요와 타락에 관해 물었어도 노인은 모른 척하고 말았을지도 모를 일이다. 그는 반나마 잠이 든 채 이야기하고 있었으니 말이다. 차창 밖을 향해 손을 흔들었다. 노인은 작정하고 탁자에 엎드려 잠이 들었다.

아폴론 신전
(Temple of Apollo)

| 감성과 이성, 무엇으로 사랑하는가? |

코린토스 시내를 벗어난 버스는 얼마 지나지 않아 시골길에 멈췄다. 버스 정류장은 사람 하나 보이지 않았으며 이정표는 반쯤 기울어져 있었다. 낡아 곧 부서져 버릴 것 같은 의자만이 자리를 지키고 있었다.

한적한 오솔길에 들어서자, 꽃향기가 얼굴을 스친다. 오월의 바람을 삼키며 걸었다. 빨간 서양 양귀비와 촘촘히 고개를 든 노란 민들레가 지천인 언덕을 올라 고대 코린토스로 들어섰다. 늘 그랬던 것처럼 현재와 과거를 이어 주는 길목을 지키고 있는 것은 매표소다. 통행세를 조금 지불하고 바로 기원전 그리스 세계로 들어가는 타임머신에 오를 수 있었다.

고대 코린토스로 들어가는 관문. 북쪽으로 3km 떨어진 코린트만에 있는 고대 레카이온 항구를 연결했던 도로다. 반대편 남쪽으로는 코린토스산을 바라보고 있으며 초기 기독교 때 주요 도로로 사용되었다. 도로를 중심으로 고대 로마의 유적이 좌우로 펼쳐져 흔적을 남겼다.

코린토스의 고대 유적지에 발을 디뎠다. 레카이온 길Lechaion Road이 길게 펼쳐졌다. 코린토스만에 위치한 고대 레카이온 항구와 연결되었으며, 항구는 이탈리아, 시칠리아, 북아프리카를 포함한 지중해 무역의 주요 역할을 했다. 길목을 따라 아고라와 스토아, 극장과 운동장들 그리고 신전을 만났다. 떠도는 벌들의 윙윙거리는 소리와 새들의 지저귐이 흥겹다. 경이로움과 편안함이 있으며 다정함과 감미로움이 있다.

여러 빛깔의 이야기를 담아 낼 생각을 하면 가슴 언저리가 두근거린

레카이온 길

아폴론 신전
고대 그리스 세계에서 가장 오래된 도리아식 신전 중 하나로 천장은 사라지고 7개의 기둥만 남아 있다.
주변에 쓰러진 기둥들이 그 규모를 가늠케 한다. 기원전 560년경 지어진 것으로 추정하고 있다.

다. 코린토스에 들어서면서 어떤 이야기를 해야 할지 카잔차키스처럼 망설이고 있을 때, 느릿느릿 천천히 다가오는 장면 하나가 있다.

기원전 146년, 오와 열에 빈틈이 없는 군단, 갑옷으로 중무장한 보병들. 다그닥 다그닥! 말발굽 소리가 돌바닥을 두드린다. 독수리 문장의 깃발이 나부끼며 거침없이 앞으로 나아간다. 말고삐를 잡아끌며 코린토스의 파괴자는 외친다.

"전진!"

신전 기둥은 쓰러졌고 탈 수 있는 것들은 모두 불탔다. 로마가 지중해 전역을 장악하며 코린토스는 고통스러운 수난을 겪고 시련을 맞았다.

펠로폰네소스의 심장은 숨을 거두었다. 기원전 44년 로마를 통일한 율리우스 카이사르에 의해 겹이 쌓인 그리스의 여러 얼굴 위에 로마의 얼굴이 뒤덮였다. 연단으로 사용되는 제단이 생겨났으며, 목욕탕이나 상가와 같은 로마의 유적들은 그리스의 흔적과 뒤섞여 그리스와 로마 유적의 대표적인 예가 되었다. 로마 제국의 무자비한 파괴에도 그리스의 신전 중 가장 오래된 것으로 알려진 아폴론 신전은 두드러지게 눈에 띄는 모습이다.

38개의 기둥 중 7개의 기둥만이 하늘을 이고 있으며 나머지는 쓰러졌다. 땅바닥에 쓰러진 기둥의 모습은 원형 그대로 빛과 그림자 속에 발가벗은 모습이다. 니코스 카잔차키스는 아폴론 신전을 하나의 작품으로 바라보며 "자신을 표현하고자 물질을 소유하려는 생각에 사로잡혀서는 절대 가질 수 없는 질서와 평화, 억제된 열정, 혼돈 속의 질서를 부여한 작품"이라고 평한다.

그의 표현은 언제나 흥미로운 소재를 던져 준다. 아폴론 신전 앞에 선

나는 점점 더 흥미로워졌다. 아폴론 신전 자체가 자연의 현상을 미학적으로 표현한 작품이라면 그리스인들의 신화는 가설과 환상이 아니라 깊은 심연에서 솟아오른 목소리를 드러낸 작품이라고 해도 좋을까? 사랑 이야기만큼 재미난 이야기가 또 있을까…. 안타깝게 소리 내는 여인의 애틋한 목소리가 들려온다. 천천히 아주 천천히 걸음을 멈추고 귀를 기울였다.

"이러지 말아요, 아폴론."
다프네는 아폴론의 손을 뿌리치며 달아났다.
"미안해요. 난 당신을 원치 않아요."
"다프네! 내 사랑 다프네!"
아폴론은 다프네 뒤를 쫓으며 소리쳤다. 다프네는 아랑곳하지 않고 도망쳤다. 그녀는 아폴론의 변덕스러운 사랑이 두려웠다. 트로이의 공주인 카산드라에게 내린 저주를 알고 있었고, 그가 사랑했던 또 다른 여인을 죽인 것도 알고 있었다. 아폴론의 변덕을 믿을 수가 없었다.
"저를 그만 내버려 두세요."
다프네는 눈물을 글썽이며 소리쳤다. 그러나 아폴론은 그녀의 말을 듣지 않고 계속 쫓으며 말했다.
"다프네! 그러지 마시오. 내게서 도망치지 말아요, 다프네."
다프네는 올리브 숲을 지나 회양목 언덕을 넘어 멀리 강이 보이는 곳을 향해 필사적으로 달아났다. 아폴론이 다프네를 따라잡았을 때, 그녀는 강의 신과 함께였다. 다프네의 아버지 페네오스였다. 다프네는 아버지 뒤로 숨었다. 페네오스는 딸이 원치 않는 사랑에서 벗어나기 위해 필사적이라는 것을 눈치챘다.

〈아폴론과 다프네(Apollo and Daphne)〉,
프란체스코 알바니(Francesco Albani), 16세기, 파리, 루브르 박물관
사랑을 고백하며 쫓아오는 아폴론에게서 다프네가 도망치고 있다.

"아폴론이시여! 그만 물러가시오. 내 딸은 당신의 사랑을 원치 않는
것 같소."

페네오스가 다프네의 손을 꼭 잡고 말했다.

"걱정하지 말아라! 딸아."

그는 딸을 위해 뭔가 해야만 했다. 그는 아폴론이 합리적 이성과 탁월
한 지혜로 신탁을 내릴 만큼 현명하긴 하지만, 자기 딸을 따뜻하게 사랑
해 줄 리 없다는 사실을 알고 있었다. 한편으로는 영원히 그에게서 벗어
날 수 없다는 것도 알고 있었다. 다프네를 끌어안으며 말했다.

"내가 너를 보호해 주마, 딸아."

그러자, 다프네가 변신하기 시작했다. 피부는 나무껍질로 변했고, 머
리카락은 나뭇잎이 되었으며, 발가락은 꿈틀거리며 땅속을 파고들어 뿌

리를 내렸다. 아폴론은 사랑하는 다프네가 나무로 변해 가는 것을 바라보며 공포에 질려 소리쳤다.

"페네오스! 무슨 짓을 한 것이오. 그만 멈춰요. 그러면 안 돼요!"

"아버지! 그리고 아폴론, 슬퍼하지 말아요."

다프네의 부드러운 목소리가 슬피 흘러나왔다.

"나는 지금 고통도 하나 없이 평화롭답니다. 나는 이 모습 그대로 이렇게 아버지 곁에서 영원히 살겠어요."

"다프네! 난 당신 없이 어떻게 살 수 있겠어요. 어떻게 하면 당신을 다시 돌려놓을 수 있을까요, 나의 사랑 다프네."

아폴론이 무릎을 꿇고 눈물을 흘리며 말했다.

"아폴론, 절망하지 마시오."

페네오스는 월계수 나무를 가엽게 어루만지며 말했다.

"당신은 축복을 받을 것이고, 다프네는 강의 님프들이 돌봐 줄 것이오."

아폴론은 비통한 마음으로 고개를 들었다. 숲은 반짝였다. 강의 님프들이 다프네 주변을 돌며 춤을 추니 웃음과 기쁨이 공기를 가득 채우고 있었다. 그는 잎을 쓰다듬고 나무에 기대어 이성을 잃은 사람처럼 길게 늘어진 월계수 가지를 머리카락에 끼워 넣으며 슬픔에 젖은 목소리로 흐느꼈다.

"사랑하는 다프네, 그대를 잊지 않을 것이오. 월계수 잎사귀 속에서 영원히 살아남을 것이오. 모든 세상 사람이 당신을 기억하게 하겠소."

아폴론의 사랑은 늘 이런 식이다. 무슨 연유로 늘 실패를 경험할까? 아폴론은 신탁을 내릴 뿐 아니라 재판에서 변호할 정도로 균형과 질서를 유지하는 이성적 능력이 탁월하다. 하지만 관계에 어려움을 겪으며 사랑이라는 오묘한 세계로의 항해에서 길을 잃는다. 아무래도 사랑은 이성적인 능력을 요구하는 것 같지는 않다. 그렇다면 우리는 감성과 이성, 무엇으로 사랑하는가?

사랑은 눈멀고 사리를 분별할 수 없게 만들며, 교만하지 않으면서도 상상할 수 없을 만큼 부드럽고 이해할 수 없을 정도로 가혹한 기쁨과 슬픔이 공존하는 세계다. 들판을 뛰어다니는 야수이기도 하고 때론 가녀린 꽃잎 위를 날아다니는 한 마리 나비가 되기도 한다. 질문과 의심 없이 그냥 나아간다. 순수의 사랑은 이런 식으로 전개된다. 이성으로 이해하려고 하면 그것은 사라진다.

페이레네 분수

| 시시포스의 형벌 |

아폴론 신전 뒤로 우뚝 선 산정에 눈을 맞추었다. 사이프러스 나무들 너머로 보이는 산은 풀 한 포기 보이지 않았다. 한 사내가 바위를 어깨에 떠받치고 두 손을 뻗어 산을 기어오르고 있다. 얼마나 가혹한지 등뼈는 늙은 올리브 나무처럼 휘었으며, 얼굴과 뺨, 어깨부터 발끝까지 근육을 가늠할 수 없다. 한 방울 흘릴 땀도 없어 보인다. 입을 굳게 닫은 표정에는 빛과 그림자가 없으며 반항적인 기질도 하나 없다. 혼돈 속의 질서, 고통 속의 평정을 찾은 듯 그의 얼굴은 운명을 초월한 모습이다. 그는 온몸의 에너지를 쏟아 기어이 산정에 바위를 올려놓는다. 그러나 바위는 다시 굴러떨어진다. 사내는 다시 한쪽 어깨로 바위를 지탱하고 두팔을 뻗어 밀어 올린다. 사내의 뒷모습은 단단한 바위와 같았으니 수천년은 넘게 계속되었을 것이다. 분명 저 사내가 교활하고 약삭빠르며 기만적인 본성으로 유명했던 코린토스의 왕, 시시포스리라!

여러 차례 멀리 있는 산정으로 손을 뻗어 굴러떨어지는 돌을 멈추고 싶었으나 상상에 불과했다. 약은 꾀, 속임수, 못된 지혜…. 인터넷에 '시시포스'를 검색하면 나오는 그를 상징하는 대표적 표현들이다. 그가 얼마나 꾀가 많고 교활했는지 오디세우스의 진짜 아버지일 것이라는 소문이 돌 정도였다. 오디세우스로 말할 것 같으면 트로이 전쟁에서 목마를 제작해 트로이를 함락시키는 데 결정적인 역할을 한 인물로, 인간 중에서 가장 꾀가 많고 가장 그리스다운 인간 아니던가. 그런데 이 소문이 근거 없는 이야기도 아니다.

오래전 도둑질의 대가로 알려진 인물이 있었는데 그가 시시포스의 가축을 훔쳐 갔다. 제아무리 도둑질의 명수라고 해도 꾀 많은 시시포스에게 발각되지 않을 수 없었으니, 시시포스는 이미 모든 가축의 발바닥에 증표를 새겨 놓았다. 마침 도둑의 딸이 이타카의 왕 라에르테스에게 시집간다는 소문이 돌았다. 포악하며 잔인하기로 유명했던 시시포스가 가축 도둑을 그냥 둘 리 없었다. 시시포스는 도둑의 딸이 이타카로 시집을 가기 직전에 겁탈해 버린다. 그 딸이 바로 오디세우스의 어머니 안티클레이아다.

시시포스는 이처럼 못되고 약은 꾀로 유명한 통치자였다. 그는 잔꾀로 신들까지 우롱하여 신의 분노를 사기도 하는데, 어쩌다 제우스에게 가혹한 벌을 받게 되었는지 신화에 신화가 꼬리를 무는 이야기가 흥미롭다.

해가 강둑 위로 지고 있었고, 흐르는 강물로 따뜻한 황금빛이 내리고 있었다. 시시포스가 코린토스를 벗어나 흐르는 강가를 따라 걷고 있었다. 그는 가뭄에 메말라 가는 코린토스를 안타까워하며 강물을 바라보았다. 그때 수풀 속에서 맹금류가 날개를 퍼덕이며 한 젊은 여인을 희롱하는 것이 보였다.

시시포스가 몸을 숨기고 가까이 다가가는 순간, 거대한 독수리가 젊은 여인의 허리를 휘감고 하늘을 찌를 듯이 날아올랐다. 하늘을 울리는 맹금류의 소리와 함께 여자의 울음소리가 오이노네섬(훗날 아이기나섬)이 있는 방향으로 사라져 갔다. 제우스였다. 그 젊은 여인이 누구인지, 왜 제우스가 그런 식으로 그녀를 데려갔는지 의구심이 시시포스의 머리를 스쳤다. 그때 아소포스강의 신인 아소포스가 물보라를 내며 울부짖었다.

"아이기나! 아이기나!"

시시포스는 그제야 제우스가 안고 간 여인이 그의 딸이라는 것을 알게 되었다. 시시포스는 이것을 기회로 만들고 싶었다. 아소포스와 거래를 해서 당장 가뭄에 시달리는 코린토스 왕국의 급한 불부터 끄고 보겠다는 심사였다. 시시포스가 미소를 지으며 아소포스에게 다가가 말했다.

"나는 당신의 딸이 어디 있는지 알고 있소. 부탁 하나를 들어주면 딸이 있는 곳을 알려 주겠소. 그러니 먼저 내 부탁을 들어주겠다고 약속해 주시오."

"내 딸이 어디에 있는지 말해 주시오. 그러면 원하는 것은 무엇이든 들어주겠소이다."

"코린토스 왕국에 신선한 물을 공급하겠다고 약속하시오."

"좋소, 당신은 교활하기도 하지만 역시 코린토스 왕답구려. 당신의 왕국에 신선한 물을 공급할 것을 약속하겠소. 어서 말해 보시오. 내 딸은 어디 있단 말이요?"

페이레네 샘(Peirene Fountain)

시시포스는 북동쪽 오이노네섬을 가리키며 제우스가 데리고 갔다고 말했다. 그는 이 일로 자신에게 일련의 사건들이 촉발될 것을 아직 알지 못했다. 아소포스는 즉시 샘을 만들어 주고 아이기나를 구출하기 위해 나섰다. 하지만 제우스가 누구인가. 아소포스는 제우스의 벼락을 맞고 물러설 수밖에 없었다.

아소포스가 만든 샘에서는 물이 샘솟았고 코린토스는 풍요로워졌다. 식수를 걱정하지 않게 되었다. 샘은 신성했고, 샘가는 노인들이 모여 장기를 두기도 하고 누군가의 말을 엿듣기도 하는 곳이 되었다. 사람들은 이곳을 페이레네 샘이라 이름 지었다.

신화에 따르면 페가수스의 발굽이 땅을 쳐서 생긴 샘터라고 전해지며, 고대 그리스 지리학자 파우사니아스에 의하면 페이레네라는 님프의 자식이 아르테미스에게 살해당하자 페이레네가 흘린 눈물로 만들어졌다고 전해진다. 여러 개의 흰 대리석 저수조가 있고, 3세기 후반 로마에 의해 개조되며 바다 생물을 묘사한 프레스코화로 장식되었다.

코린토스의 샘은 그렇게 생겨났다. 시시포스는 존경받는 왕이었지만 제우스의 사랑까지 받을 수는 없었다. 제우스는 그의 고자질을 도저히 용서할 수 없었다. 제우스는 저승사자와 같은 죽음의 신으로 알려진 타나토스를 시시포스에게 보냈다. 하지만 교활한 시시포스는 오히려 자신을 잡아 저승으로 보내려던 타나토스를 자신의 궁전에 가둬 버렸다. 죽음의 신이 사라지니 세상에는 한동안 죽어 나가는 사람이 없어졌고 우주의 질서도 깨졌다. 시시포스는 그걸로도 부족했는지 자기 아내와 공모해 속임수를 하나 더 써 놓았다. 그는 아내를 바라보며 말했다.

"부인, 내가 죽으면 장례를 치르지 마시오."

부창부수라니 시시포스의 아내는 남편의 계획을 알아채고 고개를 끄덕였다. 한편 타나토스가 억류되었다는 소식을 듣고 화가 난 제우스는 이번엔 거칠기로 소문난 전쟁의 신 아레스를 보내 버렸다. 아레스는 감금되어 있던 타나토스를 풀어 주고 시시포스를 하데스에게 데려갔다. 하지만 순순히 끌려갈 시시포스가 아니었다.

"하데스이시여!"

시시포스가 말했다.

"장례도 치러 주지 않은 제 아내를 벌하고 올 테니 저를 잠시 돌려보내 주시오."

하데스는 죽은 자들이 장례를 제대로 갖추고 저승에 내려오는 것을 철칙으로 삼고 있었다. 장례를 치르지 않았다는 말에 저승의 신 하데스는 그를 세상으로 돌려보냈다. 하지만 시시포스는 약속을 지키지 않았다. 그는 아내와 지상에서 숨죽여 지내며 죽음의 신을 피해 제 명대로 살았다. 하지만 그도 필멸하는 인간인지라 결국은 죽게 되었고 마침내 하데스의 세계로 다시 내려가자, 그가 저승에서 편하게 지내는 꼴을 보고 싶지 않던 제우스는 끝내 그에게 인간이 겪을 수 있는 가장 고통스러운 형벌을 내렸다. 호메로스는 시시포스가 벌을 받는 모습을 이렇게 묘사했다.

'그는 손과 발로 몸을 지탱하고 돌을 언덕 꼭대기로 밀어 넣었지만, 돌을 꼭대기 위로 들어 올릴 때마다 무게 때문에 다시 돌은 무자비하게 굴러떨어졌다. 하지만 그는 다시 긴장을 풀고 그것을 뒤로 밀었고, 땀이 그의 사지에서 흘러내리고 그의 머리에서 먼지가 솟아올랐다.'[4]

시시포스에게 내려진 형벌은 다시는 절대 꾀를 품을 수 없도록 생각할 겨를 없이 한 가지 일만 반복하게 하는 것이다. 인간에게는 무익하고 희망 없는 노동만큼 무서운 일이 없다고 여긴 것이다.

바위가 굴러떨어질 때마다 그의 얼굴에 새겨진 고뇌와 허무함은 무엇인가? 마치 목까지 차오른 갈증에도 물 한 모금 마실 수 없었던 탄탈로스마냥 가슴이 답답하고 갈증 나고 숨이 차올랐을 것이다. 제아무리 인간들 사이에서 가장 강하고 꾀 많은 시시포스라도 운명과 싸우는 모습을 생각하면 말 그대로 삶은 전쟁이요 투쟁이다. 하지만 시시포스의 신화를 통해 신들을 부정하고 바위를 반복해 들어 올리는 것보다 좀 더 고차원적으로 숭고함을 가르치는 작가가 있다. 알베르 카뮈다.

카뮈는 인생이란 어떤 특정한 목표의 달성이 아니라 삶의 도전을 받아들이는 투쟁 자체에 의미가 있다고 보았다. 그리고 운명에 순응하는 시시포스의 모습 자체가 행복이라면서 이렇게 말한다.

'정상을 향한 투쟁, 다만 이것만으로도 인간의 마음을 가득 채우기에 충분한 것이다. 지금이야말로 시시포스가 행복한 사람이라고 생각해야 한다.'[5]

메데이아와
글라우케의 샘

| 사랑과 배신, 그리고 복수 |

"아이를 한 번 출산하느니 차라리 중장보병의 팔랑크스 대형에 들어
가 세 번 싸우는 것이 더 낫겠어요."

에우리피데스의 고대 그리스 비극, 《메데이아》에서 메데이아가 남편
이아손에게 한 말이다. 이아손이 다른 여인과 결혼하기 위해 자신을 배
신하자 여자도 남자와 다름없이 존중받아야 할 자격이 있다고 항변하는
장면이다. 경멸 어린 메데이아의 말투가 페미니스트의 시초 같아 흥미
롭다. 도대체 그들에게 무슨 일이 있었던 것일까.
　과거에는 큰 상점들과 시장들로 북적였을 것만 같은 신작로에서 샘터
가 있는 곳으로 걸음을 옮겼다. 아폴론 신전의 그림자 속에서 하나의 샘
이 나타났다.

글라우케의 샘(Glauke Fountain)
저주가 담긴 드레스를 입은 글라우케 공주가 타들어 가는 고통에 몸을 던진 샘이라는 이야기가 전해진
다. 까닭에 글라우케의 샘으로 불린다. 로마 포럼의 로스트라에서 약 210m 떨어진 거리에 있다. 글라
우케의 샘은 3개의 배수구와 4개의 큰 저수조로 구성되어 있다.

　수천 년 전, 문명화되지 않은 파란 샘에서 솟아나는 건 맑은 물도, 감
미로운 영혼의 소리도 아닌 메데이아의 절규이자 비극이었다.
　왕실 정원은 무화과 향기와 오렌지 꽃향기로 가득했다. 이아손과 글
라우케 공주가 마주 보며 손을 잡고 있었다. 발목까지 흘러내리는 키톤
을 두른 그녀는 아름다웠다. 머리띠와 어깨 위의 매듭에서 수정 같은 보
석이 반짝였다. 귀고리는 황금색으로 빛났으며 목걸이에서도 빛이 흘
러내렸다. 뒤로 묶은 머리카락에 꽂힌 긴 브로치도 빛을 발했다. 태양은
그녀의 얼굴에 따뜻한 빛을 던졌고, 공주의 눈망울은 희망과 기쁨으로
가득했다.
　"이아손, 나는 우리의 결혼이 상상할 수 없을 만큼 기뻐요."
　글라우케는 흥분으로 볼을 붉히며 말했다.

"어떻게 당신을 대해야 할지 지금 이 순간의 감정을 표현할 수 없어요."

이아손은 미소를 지었다.

"나도 그렇소, 글라우케. 당신의 순수한 아름다움이 내 마음을 사로잡았다오."

"이아손, 당신 눈빛이 조금은 어두워요. 사랑이란 복잡하고 예측할 수 없는 힘이 작용한다는 것을 알아요. 나는 당신이 코린토스에서 행복과 평화를 찾을 수 있기를 바랄 뿐이에요."

이아손은 고개를 끄덕이며 글라우케 공주의 입술에 자기 입술을 포겠다.

"사랑하오, 글라우케…."

크레온 왕은 이아손을 자신의 방으로 불러들였다.

"이아손, 내 딸과 결혼을 결정한 것은 현명한 처사네. 우리의 동맹을 굳건히 할 것이며, 우리는 함께 우리 왕국에 번영을 가져다줄 것이오. 고맙네."

크레온 왕은 글라우케를 이아손과 결혼시킴으로써 코린토스 왕국을 강화하려고 했고, 메데이아에 대한 사랑과 권력을 향한 야망 사이에서 고민하던 이아손은 크레온의 제안에 굴복했다.

"감사합니다, 폐하. 당신의 신뢰를 존중하고 공주의 남편으로 제 의무를 다할 수 있기를 바랄 뿐입니다."

"이아손, 그대는 과거를 잊고 이제는 새로운 운명을 받아들여야 하네. 쉬운 선택이 아니라는 것을 알지만, 우리 국민을 위해 자네가 해야 할 선택이지."

이아손은 고개를 끄덕였다. 그는 메데이아에 대한 배신이 얼마나 파괴적인 비극을 초래하며 동시에 얼마나 큰 슬픔의 흔적을 남길지 알지 못했다.

메데이아는 뱃머리에 서서 먼 해안을 응시했다. 사랑을 위해 조국, 가족을 뒤로하고 떠났다. 그녀는 회상했다. 그는 황금 양모를 찾으러 메데이아의 나라에 왔고, 그녀는 그를 도왔다. 이아손은 그런 자신을 영원히 사랑하겠다고 약속했다. 그러나 배가 코린토스를 향해 점점 가까워지는 지금, 메데이아는 알 수 없는 불안감에 휩싸였다.

마침내 메데이아를 태운 배가 코린토스 레카이온 항구에 정박했다. 메데이아는 두 아들과 함께 뭍에 올랐다. 그녀를 향해 걸어오는 이아손이 보였다. 이아손은 메데이아를 보고 소리쳤다.

"메데이아!"

"나와 주셨군요."

메데이아는 떨리는 목소리로 말했다.

"저에 대한 당신의 사랑은 변함이 없겠죠, 이아손?"

"물론 그렇지."

이아손은 메데이아의 이마에 키스하며 말했다.

"그 어느 때보다 당신을 사랑해, 메데이아. 당신은 이 세상에서 나를 위한 유일한 사랑이오."

메데이아는 안도했다. 사랑을 의심하는 것은 어리석다고 생각했다. 동시에 그는 명예와 충성심을 가진 사람이기에 결코 자신을 배신하지 않을 것이라고 생각했다. 마음이 편안해졌다. 메데이아는 새로운 삶에 정착했다. 도시의 여인들과 친구가 되었고, 코린토스의 아름다움을 즐겼다.

하지만 시간이 흐를수록 배신의 속삭임이 바람처럼 흩어졌다. 이아손이 메데이아를 배신하고 아이들까지 내쫓을 거라는 이야기가 들려왔다. 이아손이 궁전에서 머무는 시간이 길어졌다. 메데이아는 점점 커지는 자신의 불안감을 애써 무시했지만, 뭔가 잘못되었다는 것을 깨닫게 되었다.

"당신이 글라우케 공주와 결혼한다는 말이 정말 사실인가요?"

메데이아가 떨리는 목소리로 물었다.

"미안해요. 나는 선택의 여지가 없소, 메데이아. 크레온 왕이 우리 사이의 결혼을 주선했다오. 그것은 거절할 수 없는 정치적 동맹이오. 남자들의 세계란 그렇다오. 메데이아, 이해해 주시오. 왕의 제안을 거절하는 건 너무 힘겨운 일이오."

"우리 아이들도 추방한다는 말은 사실인가요?"

"내가 공주와 결혼하면 내 지위가 보장되고 우리 아들들도 보호받을 수 있을 거요. 어려운 선택이지만 나에게 더 큰 힘이 생길 것이오. 그러면 당신도 안전하오."

"그렇다면 우리의 사랑은? 당신에게 사랑은 아무 가치도 없나요?"

"나는 우리가 나눈 사랑을 항상 소중히 간직할 거요, 메데이아."

이아손은 그녀의 시선을 외면하고 말했다.

"아이들과 우리의 미래를 생각하고 있소."

"어떻게 날 배신할 수 있어요, 이아손."

메데이아는 분노 섞인 눈으로 이아손을 마주 보았다.

"나는 내 가족을 죽이고, 내 조국을 버리고 당신만 보고 모든 것을 희생했어요. 그런데 이것이 당신이 보답하는 방법인가요?"

"나는 선택의 여지가 없소."

이아손이 단호하게 말했다.

하늘이 무너지는 배신이었다. 메데이아는 이아손이 자신을 사랑하지 않음을 알았다. 가슴이 찢어질 것 같았다. 메데이아는 가슴을 치며 자신의 처지를 한탄했다.

"그렇다면 나 또한 선택의 여지가 없어요."

"그게 무슨 말이오, 메데이아."

"아, 순진하고 가여운 글라우케. 그녀는 대가를 치를 거예요. 그리고, 그리고….”

메데이아는 이아손의 피가 흐르는 두 아이를 바라보면서 소리쳤다.

"아아, 가련한 내 신세! 차라리 죽을 수 있으면 좋으련만! 소박맞은 어미의 저주받은 자식들이여, 아비와 함께 사라져 버려라! 온 집이 무너져 내려라!”

메데이아는 복수를 마음먹고 고운 옷과 황금 머리띠 장식을 준비했다. 이아손에게 아이들을 돌봐 달라는 어미의 마음이니 글라우케에게 전해 달라고 한다. 그러자 이아손은 부러울 것 하나 없는 공주가 무슨 선물을 받겠느냐며 선물을 거두라고 한다. 하지만 인간 심리를 꿰뚫고 있는 메데이아는 설득력 있는 말을 하는데, 동서고금 다르지 않은 진리 같기도 하다. 메데이아는 이렇게 말한다.

"인간에게는 천 마디 말보다 황금이 더 힘이 있어요."

아이들 손에 부친 옷과 머리띠가 글라우케에게 보내졌다. 공주는 메데이아의 부탁이 불만스러웠다. 하지만 금은보화로 치장한 공주도 인간인지라 선물을 보자 기뻐했다.

그녀는 오색찬란한 옷을 집어 몸에 두르고 곱슬머리에 황금 머리띠를 쓰고는 번쩍이는 거울 앞에서 미소를 지었다. 그 순간 고운 옷은 불행한 여인의 흰 살을 파먹고, 몸은 화염에 휩싸였으며 황금 머리띠를 쓴 머리카락은 타올랐다. 참을 수 없는 고통에 그녀는 샘에 몸을 던진다. 한편 글라우케 공주에게 저주가 담긴 옷과 머리띠를 보낸 메데이아는 선물을 전하고 돌아온 아이들에게 말한다.

"애들아 작별 인사해야지. 이 어미에게 너희들의 오른손을 다오, 입맞출 수 있게! 아아. 이 귀여운 손, 이 귀여운 입! 그리고 내 자식들의 몸과 고상한 얼굴이여! 너희들은 행복하게 살아라. 하지만 그곳에서다!"

복수를 추구하는 자는 자신을 위한 것과 적을 위한 것, 2개의 무덤을 파야 한다는 사실을 보여 주듯 메데이아의 복수극은 참담했다. 이 이야기는 서로 다른 성격과 욕망을 지닌 인간들 사이의 갈등으로 인한 비극적 고통을 다룬 《메데이아》의 내용이다. 기원전 431년에 아테네에서 공연했다.

사도 바울의 연단

| 알지 못하는 신에게 |

'사랑은 오래 참고 사랑은 온유하며 시기하는 자가 되지 아니하며 사랑은 자랑하지 아니하며 교만하지 아니하며.'⁶

아고라 중앙에 베마*Bema*가 있다. 사도 바울이 연설을 했다는 연단이다. 커다란 돌을 층층이 쌓아 놓은 모습이 제물을 올리고 신을 숭배하는 제사상 같아 보이는데, 코린토스가 기독인들의 순례지와 같다는 것을 증명하는 유적이다.

이야기를 하기 전에 최소한 거짓 없이 솔직하게 소개해야겠다는 생각이 들었다. 나는 기독교에 대해 아는 것이 없다. 오래전 크리스마스가 가까워질 즈음 거리에서 들리던 노래 가사가 성경 말씀에 나온 것이라는 정도가 내가 아는 전부였다. 가사는 사랑스럽고 자애로웠다. 얼마나 좋았는지 두 발로 교회를 찾아가 기도를 하기도 했다. 그때 새로운 사실

하나를 더 알게 되었는데, 교회에서는 술을 마시거나 조금이라도 자유분방한 모습을 보이면 사탄으로 불린다는 것이었다. 아주 오래전 일이다. 고백하자면 그 감미로운 노랫말이 바울에 의해 쓰인 것이라는 사실도 그리스를 여행하며 알게 되었다.

그리스에서 신화는 신앙과도 같았다. 신들을 위한 종교적인 숭배의 장소로 신전을 세웠으며, 제단에 제물을 올리고 '알지 못하는 신에게'라는 글자를 새겨 넣고 제사를 지낼 정도로 다신교를 믿었다. 392년 그리스도교가 로마 제국의 국교로 선포되면서 그리스의 신들이 졸지에 이교도가 되고 신전들이 불타기 전, 코린토스에 사도 바울이 나타나면서 예수의 존재를 설파하기 전까지는 그랬다.

로마식 키톤 차림의 바울이 그리스식이 아닌 로마식 연단에서 설교를 하다가 한 사내를 유심히 바라보며 말했다.

"일어나 걸어라."

군중은 숨을 죽이고 그를 주시했다. 그는 태어날 때부터 불구였고 걸어 본 적이 없다고 말했다. 그러자 바울이 다시 말했다.

"일어나 걸어라."

그러자 사내는 벌떡 일어나 걸었다. 사람들은 제우스와 헤르메스가 사람의 모습으로 나타났다며 찬양했다. 심지어는 그에게 황소와 화환을 가지고 제물을 바치겠다고 나서기도 했다. '위로의 아들'로 알려진 바나바와 바울이 선교에 나섰을 때의 이 일화는 바울이 병자를 치유하고 기적을 행했다는 소문으로 코린토스까지 퍼져 있었다. 바울이 맑고 힘찬 목소리로 말했다.

"형제자매 여러분, 예수님은 우리에게 하나님께 가는 길을 알려 주시

로만 포룸의 베마(Bema of Roman Forum)
도시의 관리들이 대중에게 연설하던 곳이었다. 성 바울이 코린토스에 머무는 동안 불법 가르침을 행했다는 혐의로 재판을 받은 곳이라 '세인트 폴의 베마'로 불리고 있다. 비잔틴 시대에 기독교 교회가 되기도 했다.

고, 영생으로 인도해 주시기 위해 오셨습니다."

군중은 각계각층의 다양한 집단이었다. 어떤 이들은 상인이었고, 농부였고, 노예이거나 군인이었다. 유대인들과 로마의 이주민도 있었다.

"그분은 이 세상과 그 안에 있는 모든 것을 만드신 하나님이십니다." 바울은 잠시 말을 멈추고 군중을 훑어보다가 말을 이었다.

"그분은 하늘과 땅의 주인이시므로 사람이 만든 신전에서는 살지 않으십니다."

바울의 연설이 절정에 이르자 일부 사람들은 큰 소리로 찬양했다. 그들 대부분은 바울이 처음 왔을 때 그에게 세례받은 교인들이었다. 바울이 다시 말했다.

"예수 그리스도를 믿으면 모든 것이 가능합니다."

설교를 마치자 군중은 박수를 터뜨렸고, 많은 사람이 그를 끌어안기 위해 앞으로 달려갔다. 어떤 이들은 눈물을 흘렸고, 어떤 이들은 예수 그리스도의 말씀을 되새기며 기쁨을 느꼈다. 제우스는 하나님 아버지에게 흡수되었다. 군중은 그리스도의 가르침에 따라 자신들의 삶을 살기로 결심하며 바울의 메시지를 들고 광장을 떠났다.

코린토스에서 그리스 신을 부르는 소리는 사라졌다. 그리스 신들은 로마 제국에 의해 진즉에 이단이 되었으니 올림포스 신들도 더 이상 존재하지 않는다. 신전은 무참히 파괴되었다. 그리스도교는 그렇게 2,000여 년이 넘는 시간이 지나면서 자부심 있는 민족 종교가 되었다. 하지만 그리스인들에게 신은 보편적인 믿음이다. 펠로폰네소스 남부 여행기 『그리스의 끝 마니』의 저자 패트릭 리 퍼머에 의하면 "그리스인은 아픈 사람이 생기면 여전히 의사와 신부만 부르는 게 아니라 주문을 외우고 부적을 쓰는 동네 주술사도 부른다"고 한다. 그리고 누군가 죽으면 망자가 향하는 곳은 천국이 아니라 하데스라고 말하면서 손으로는 가슴에 십자가를 그어 댄다고 한다.

그리스의 눈부신 문명보다는 그리스의 끝, 펠로폰네소스 남부의 외진 시골 마을과 폐허를 떠돌아다니며 그 역사와 종교와 예술의 영역을 넘나든 경험을 쓴 그의 여행 이야기는 실증적이어서 그 어떤 그리스 여행기 이상으로 신뢰가 간다. 기독교를 어렵지 않게 받아들였던 것처럼 고대로부터 종교에 배타적이지 않았던 그리스인의 망자를 보내는 슬픔에는 신과 종교가 조화롭게 섞여 부자연스러움이 없다. 유럽 어느 국가보다도 장례가 엄숙하다는 그리스에서 미신과 기독교가 결합된, 조금은 변형된 애도의 관습 때문에 망자를 잃은 애도의 진정성까지 사라졌을까.

바빌론,
아프로디테 신전

| "밀리타의 이름으로!" |

　그리스 여행의 즐거움 중 하나를 꼽으라고 한다면 두말할 것도 없이
고대 신전을 만나는 일이다. 그리스 여러 도시를 다니다 보면 대부분 석
조 건물로 비슷한 구성과 형태를 보인다는 것을 알 수 있다. 아고라와
스토아가 시민이 직접 정치에 참여할 수 있는 장소였다면, 극장은 작품
들을 보여 줌으로써 정치·철학적 문제 등 다양한 주제에 시민을 참여시
키는 일종의 언론 기관이었다. 운동장은 체력단련뿐 아니라 올림픽 같
은 제전을 통해 도시 국가들 사이의 유대를 강화하고 평화적인 관계를
증진하는 역할을 했다. 고대 그리스인은 이처럼 조직적이고 체계적으로
도시를 형성해 나갔다.
　가장 흥미로운 장소라고 말할 수 있는 곳은 역시 신전이다. 신전은 정
신적이고 문화적인 가치를 상징하며 통치에도 큰 영향을 끼쳤다. 그런
데 헤로도토스에 의하면 아프로디테 신전에서 이해할 수 없는 방식으로

신에게 축복을 빌기도 했다고 전해진다. 이 기이한 신전 이야기는 신과 인간의 관계에 대해 관심이 많은 여행자의 호기심을 자극한다.

'아프로디테의 신전에 앉아 일생에 한 번 낯선 사람과 성관계를 갖도록 강요하는 것이다.'[7]

바빌론의 아프로디테 신전은 여자들로 붐볐다. 그들의 머리는 띠로 장식되어 있었다. 부유한 여성 중 일부는 하인들과 함께 마차를 타고 도착했다. 안티페미니스티아는 다른 여자들에게 둘러싸여 신전 안에 초조하게 앉아 있었다. 그녀는 이렇게 사람이 많은 곳에 와 본 적이 없었다. 먼저 도착한 여인들이 회랑에 앉아 있었다. 남자들이 회랑을 따라 걸으며 한 명 한 명 살핀다. 그녀는 자리를 잡고 주위를 둘러보았다. 순간 낯선 남자가 자신을 향해 걸어오는 것을 알아차렸다.

"앉아도 될까요?"

구레나룻이 얼굴의 반을 덮은 사내가 물었다. 여인은 얼굴을 숙이고 고개만 끄덕였다. 남자는 그녀 옆에 앉았다.

"당신은 아름답소."

사내가 말했다. 그러자 나지막한 소리로 그녀가 말했다.

"감사합니다."

"제 이름은 만수르입니다."

사내는 자신이 어디에서 왔는지와 하는 일을 밝히고는 물었다.

"당신 이름을 물어봐도 되겠소?"

"저는 안티페미니스티아입니다."

그녀의 이름을 듣자, 만수르는 야드르르하게 흘러내린 그녀의 치마폭으로 은화 한 닢을 던지며 소리쳤다.

"밀리타 여신께서 그대를 축복해 주시기를!"

주름진 치마폭에서 은화 한 닢이 반짝였다. 안티페미니스티아는 충격에 휩싸인 듯 어찌할 바를 몰랐다. 동시에 자신이 이 신전에 오게 된 연유를 떠올렸다. 그리고 자신이 거부할 수 없는 선택을 받은 것에 대해 감사해야 할 처지라는 것을 알아차렸다. 그녀는 이제 창녀의 의무를 다 해야만 집으로 돌아갈 수 있었다.

"밀리타 여신께서 그대를 축복해 주시기를!"

또 다른 사내가 맞은편 회랑에 앉은 여인에게 은화를 던지며 소리쳤다. 아름다운 여인이었다. 한눈을 파는 사이 만수르가 단단한 손으로 안티페미니스티아의 손목을 잡아 일으켜 세웠다. 그리고 내실이 있는 곳으로 그녀를 이끌었다.

내실로 향하는 동안 그녀는 또 다른 여인과 눈이 마주쳤다. 여인의 눈동자는 불안했으며 초조했다. 그녀에게 은화를 던지는 사내는 없었다. 만일 어떤 사내에게도 선택받지 못하면 그녀가 얼마나 신전에 머무르게 될지, 몇 년 동안 은화를 던져 줄 남자를 기다려야 할지 모를 일이다. 안티페미니스티아는 그녀를 바라보며 일견 안도했다. 내실에 이르러 만수르는 거침없이 그녀를 눕혔다. 사내는 사정없이 달려들었고 둘은 순식간에 몸을 섞었다. 신전 밖으로 열기가 새어 나갔고 숨이 넘어갈 듯한 만수르의 거친 숨소리와 함께 염소 우는 소리가 흘러나왔다.

만수르가 옷을 추스르며 나왔다. 그가 돌아가고 안티페미니스티아도 신전 밖으로 나갔다. 그녀는 회랑을 빠져나오는 동안 선택받지 못한 여인들이 부러운 눈으로 자신을 바라보고 있다는 것을 느꼈다.

얼마 후, 만수르는 안티페미니스티아와 결혼하기 위해 엄청난 금은

보화를 싸 들고 신전을 찾았다. 하지만 그는 그녀와 결혼할 수 없었다. 만수르는 애원했지만, 어쩔 수 없다. 안티페미니스티아는 신전에서 동전 한 닢에 몸을 내줘야 하는 자신의 운명을 한탄하면서도 여신에게 성스러운 의무를 다했다는 생각에 흡족해했다. 그녀는 속말로 주문을 외었다.

'밀리타 여신께서 그대를 축복해 주시기를!'

위 이야기는 헤로도토스가 기록한 바빌론의 관습을 각색한 것이다. 만수르와 안티페미니스티아라는 여인은 가상의 인물이다. 두려움과 불안, 집단적인 사고, 편견에 쉽게 빠지는 나약한 정신은 종교적인 악습을 끊임없이 생성시키며 광기를 생산한다. 그렇게 되면 종교는 대중의 아편이나 다름이 없다. 이처럼 인간의 정신세계는 이해할 수 없는 것투성이다. 이는 불합리하게도 인간이 인간의 정신세계를 지배하려 들기 때문이라고 나는 믿고 있다. 바빌론 아프로디테 신전에서의 관습은 고대 그리스를 포함한 고대 근동과 지중해 전역에 걸쳐 다양한 문화로 퍼져 나갔다.

아크로코린토스,
아프로디테 신전

| 코린토스인처럼 |

그리스의 희극 작가 아리스토파네스는 '코린토스 사람처럼 행동하는 것은 코린토스의 헤타이라와 어울리거나 유혹하는 것'이라며, 사치와 타락한 도시로는 코린토스를 따라갈 도시가 없다고 썼다.

코린토스에는 풍요 속에 타락의 그림자도 드리워졌다. 매춘까지 신성하게 여겨졌는데, 그 중심에 아크로코린토스의 아프로디테 신전이 있었다. 신전에는 어린 시절부터 여신에게 헌신했던 '여성 동반자'를 의미하는 헤타이라*hetaira*가 있었다. 그들은 적절한 금액에 고용되어 성적인 봉사 외에도 고객의 요청에 따라 음악, 노래, 춤 등 지적이고 문화적인 봉사를 할 만큼 예술적인 능력까지 갖췄다고 전해진다. 모든 여성이 단 한 번은 아프로디테 신전에서 만난 낯선 사내와 성관계를 해야만 집으로 돌아갈 수 있었던 바빌론의 관습이 일종의 성인식이었다면, 코린토스의 아프로디테 신전에는 전문적인 직업여성들이 있었다는 차이가 있다.

아프로디테 두상
코린토스 고대 극장에서 발굴해 기원전 5세기 작품을 2세기에 복제한 것이다. 코린토스 고고학 박물관에 전시되어 있다.

　이쯤 해서 코린토스의 참주 페리안드로스가 최초로 운하 건설을 계획했다가 신의 뜻 때문에 포기할 수밖에 없었던 이야기를 다시 짚어 보는 것도 좋겠다. 인간의 욕망은 때로는 새로운 방향으로 틀어지기도 한다. 그러면 권력은 비극이든 희극이든 얼굴에 마스크를 쓴다. 인간의 정신세계를 지배한다는 건 권력자들에게 어려운 일은 아니다.

　코린토스의 금고는 참주의 것이나 마찬가지였다. 독재자와 같은 참주에게는 안 되는 것이 없었다. 한편 운하가 건설되면 통행세는 받겠지만 코린토스는 다른 나라로 향하는 경유지에 그칠 수밖에 없었다. 디올코스를 따라 부두 노동자들이 선박을 옮기는 동안 상인들, 선원들과 선주들이 신전으로 달려가 쏟아 놓는 은화도 기대할 수 없게 된다. 통치자는 계산기를 두드린다. 운하 건설이 막히면 권력자들은 아프로디테에 대한 감사와 욕망에 대한 축제를 벌이며 자신들의 금고에 금은보화를 채우면 될 일이었다. 그렇게 보면 코린토스의 통치자가 운하를 포기한 것은 신탁 때문이 아니라, 신전과 통치자의 타락한 권력이 합의를 본 결과일지도 모른다. 동서고금 막론하고 신이 돈이며 돈이 신이리니!

멀리 남쪽 아프리카에서, 크레타에서, 아시아에서, 이탈리아에서 출발한 항해는 고단하고 피로하다. 선원과 상인들은 코린토스에 도착하기만 고대한다. 길게 늘어진 키톤 치맛자락을 나부끼며 우아하게 웃음 짓는 여인들…. 사내들은 먼바다를 항해하는 동안 아프로디테 축제만을 기대하며 인내한다. 배가 정박하자 사내들은 육로를 가로지르는 디올코스로 배를 올리고 은화를 잔뜩 싸 들고 코린토스 산정을 오른다. 아프로디테 신전의 여사제들은 지적인 모습으로 말을 걸며 악기를 연주하고 술잔에 술을 따른다. 사내들은 취해 비틀거리며 신음한다. 코린토스인답게.

키프셀루스와
페리안드로스

| 코린토스의 참주들 |

    암흑기를 막 벗어난 고대 그리스 세계의 통치자들은 대개 독재자이거나 참주였다. 그리스를 조금 깊게 여행하는 사람이라면 아테네의 '페이시스트라토스'라는 참주와 밀레토스의 참주 트라시불로스와 함께 코린토스 운하의 건설을 최초 계획한 인물 페리안드로스*Periander*를 들어 봤을 것이다.

    참주들은 코린토스의 번영과 타락에 대한 인과관계뿐 아니라 계속해서 등장하는 인물들이므로 살피고 넘어가는 것도 좋겠다. 참주는 기원전 6세기를 전후해서 도시 국가가 하나둘 자리 잡을 무렵 자연스럽게 생겨난 통치자들이다. 일종의 독재자로 고대 그리스에서 가장 혐오스러운 대상이었으며 가장 가혹하고 야만적인 통치 행위를 했다. 그리스 세계에서 참주가 얼마나 두려운 대상이었는지를 비극《아가멤논》은 잘 보여주고 있다. 아가멤논이 아내의 정부에게 살해당하자, 원로들은 아가멤논을 죽인 자가 참주가 되어 통치할 것을 두려워했다. 그들은 참주에게 복종하면서 생명을 연장하는 것은 참을 수 없는 일이라며, 죽음이 낫다고 한다.

> "차라리, 죽음이 더 나을 것이오. 왜냐하면 그것은 폭정보다 더 온화할 것이기 때문이라오."[8]

참주 정치가 얼마나 무시무시한 통치 행위인지를 가늠케 하는 대목이다. 참주는 이처럼 비합법적으로 독재권을 확립한 지배자였으며, 법에 제한받지 않는 절대 통치자, 즉 독재자였다.

기원전 522년, 페르시아의 다리우스가 7인의 동료와 함께 페르시아의 통치 방향을 두고 민주 정치와 군주제, 독재 정치에 대한 장단점을 토론하는 가운데, 독재 정치의 속성을 이렇게 강조했다.

> "훌륭한 인물도 독재자가 되고 나면 평소 사고방식에서 벗어난다."
> "독재자는 모든 사람 중에서 가장 일관성이 없는 사람이며, 조상의 방식을 뒤집고 여성을 강간하고 무차별적으로 살해한다."[9]

신화가 꼬리에 꼬리를 물고 이어지는 것처럼 역사도 그렇다. 이는 과거 코린토스의 참주 정치를 역사의 거울로 삼았다는 것을 추측할 수 있는데, 참주가 가장 극성을 부린 도시가 코린토스이며, 다리우스와 동료들이 언급한 독재자의 속성을 그대로 드러낸 참주가 코린토스의 폭군 페리안드로스다.

그는 자신이 세운 식민지인 케르키라(코르푸)로 자신의 아들을 보냈을 때 아들이 그곳에서 살해당하자, 복수로 그곳 섬 요인要人들의 아들 300명을 거세하라고 시킬 정도로 잔혹했다. 코린토스의 참주로 살다가 죽은 키프셀루스의 아들다웠다. 키프셀루스도 수많은 코린토스인을 추방하고, 재산을 몰수했으며, 목숨을 빼앗았다. 아버지의 뒤를 이어 권력을 얻은 페리안드로스라 해서 처음부터 그런 것은 아니었다. 처음엔 온건한 통치를 했으나, 밀레토스의 참주인 트라시불로스Thrasyboulos에게 어떻게 도시를 통치해야 좋을지 한 수 배우고부터 자기 아버지가 하던 온갖 악행을 완수하고 말았다. 트라시불로스의 통치는 스파르타의 비밀 조직이 노예들 가운데 가장 건장하고 힘센 자들을 베어 없애는 것과 다르지 않았다. 그렇다면 페리안드로스가 트라시불로스에게 배운 한 수란? 파종된 밭으로 들어가 밀밭에서 웃자라 눈에 띄는 밀의 가장 큰 이삭을 모두 잘라서 내던져 버리는 것이었다.

참주정이란 이런 것이었다. 이 이야기는 스파르타가 아테네와 세력 다툼을 하던 중 참주제 도입을 제안하자 코린토스의 사절 소클레아스가 참주정이 얼마나 참혹했는지를 스파르타인들에게 설명해 주는 과정에서 나왔다. 그는 피에 굶주리고 불의한 참주들이 통치하는 국가의 비극적인 상황을 이렇게 표현한다.

'진실로 하늘은 땅 아래 있고 땅은 하늘 위에 높이 있을 것이며, 바다에는 사람이 거할 것이며 이전에 사람이 살던 곳에는 물고기들이 거하리라.'[10]

페리안드로스
고대 코린토스를 통치했던 참주, 키프셀루스의 뒤를 이은
두 번째 폭군이다. 기원전 627~585년까지 페리안드로스의
통치는 코린토스 역사에 번영을 가져왔다. 헤로도토스에 의
하면 잔인하고 가혹한 통치자였지만 공정하고 정의로운 왕
이었다는 또 다른 기록과 함께 그리스의 일곱 현자 중 한 명
으로 평가되기도 한다. 기원전 4세기에 만들어진 원본을 본
뜬 사본으로 바티칸 박물관에 소장돼 있다.

코린토스를 여행하는 사람들이라면 오랜 세월 거쳐 온 '풍요와 타락
의 도시, 코린토스!'를 상기한다. 고전에서 본 이야기들을 근거로 고대
코린토스에 대해 지나치게 평가한 면이 있어 조금 찔린다. 코린토스에
대한 이러한 편견과 고정관념을 고려해야 한다는 주장도 있다. 특히 타
락한 코린토스 이야기는 순결에 집착하는 기독교인들이나 도덕적인 강
론을 따르는 매체에 끊임없이 반복돼 만들어졌으며, 다른 경쟁 도시를
비꼬거나 비하하는 사람들로부터 과장되거나 왜곡되어 부풀려졌다는
것이다.

이를테면 '아테네인처럼 말하다'라는 표현은 아테네의 미덕과 학문적
인 전통을 칭찬하는 것이 아니라, 아테네 사람들의 말이 매우 간사하고
교묘하다는 것을 비하하는 의미로 사용되었으며, '스파르타식'이라는 표
현도 사실 스파르타의 군사 훈련을 높이 평가하는 것이 아니라, 자유롭

고 창의적인 사고를 방해하는 스파르타인들의 억압된 사회와 군사 훈련을 비하하는 말이라고 한다.

레즈비언들이 사는 섬으로 알려진 레스보스섬도 마찬가지다. '레스비언처럼 행동하다'라는 말이 쓰이기도 했는데 아리스토파네스는 여성 동성애자를 레스보스섬 사람들과 연관시켰다.

이렇게 편견과 고정관념으로 사용된 언어유희가 코린토스에 대한 이미지에 고착화했다는 주장이다. 이는 고대로부터 도시 간의 경쟁과 대립이 심각하게 이루어졌음을 시사하는데, 코린토스도 예외가 아니었다. 그러므로 코린토스에서 벌어진 매춘과 같은 고대 관습에 대한 이해는 제한적인 관점이라는 것을 인식하고 자신의 방향을 잡아 여행하는 것을 권한다.

석회암 덩어리가 빵처럼 부풀어 오른 산정은 먼 옛날의 소문만 무성해서 신전을 상징하는 신성과 퇴폐의 구분이 모호하다. 만일 입담 좋고 호기심 많은 헤로도토스가 이곳에 들렀다면 좀 더 흥미진진한 이야깃거리를 남겼을 터인데 아쉽게도 남아 있지 않다. 코린토스에 대한 여러 떠도는 이야기들은 그리스도교가 유입되고 코린토스의 신전들이 이교도라는 이유로 불타고 파괴되면서 기독교인들이 남긴 무성한 이야기들뿐이다. 지금이라도 헤로도토스가 긴 잠에서 깨어 코린토스에 발자취를 남긴다면 어떤 의견을 낼지 자못 궁금하다.

코린토스 유적

Remains of Corinth

그리스 중부에 있다. 고대 코린토스는 코린토스만과 사로닉만 사이 교통과 무역의 중심지로서 크게 발전했다. 아테네 국제공항에서 코린토스까지는 약 85km의 거리이며, 차로 약 1시간에서 1시간 30분, 직행 기차로는 약 1시간 30분에서 2시간 정도 소요된다. 기원전 6세기에 지어진 고대 그리스의 주요한 신전 중 하나로 아폴론 신전이 가장 눈에 띄는 유적이다.

2장

황금의 땅,
미케네

미케네로 들어가며

| 시골길을 걷다 |

나는 미케네의 시골길을 걷기로 약속되어 있었다. 그리스인 니코스 카잔차키스를 처음 만났을 때부터다. 그가 묘사한 그리스의 시골길을 동경했으며, 거슬러 그의 조상들이 기록한 고전을 탐욕스럽게 펼칠 때마다 책 속에 등장한 이야기들이 사실처럼 느껴졌다. 만일 카잔차키스의 책을 읽다 말고 창밖을 바라보는 내 모습을 누군가 보았다면 무한한 동경에 사로잡혔거나 혹은 깊은 사색의 빛을 띠고 있었을지 모른다.

나른한 오후가 되어 한적한 곳에서 버스는 멈췄다. 지나는 차는 보이지 않았고 상점 하나가 열려 있었다. 직선으로 뻗쳐 들어간 햇살이 그늘진 상점 안을 직사각형으로 길게 밝히고 있었다. 서너 명의 노인들이 앉아 있었고 그 밖에 눈에 띄는 상점들은 다 닫혔다. 신작로를 벗어나 도로를 건넜다. 느린 걸음으로 인적 없는 미케네의 공기 속으로 들어갔다.

5월 미케네의 공기는 온화하며 달콤했다. 무화과나무가 듬성듬성 보였으며, 신작로 옆으로는 황금빛 오렌지가 무성했다. 단 꿀 향기가 짙게 풍겼다. 빠른 걸음도 아닌데 멀리 까만 점처럼 보이던 사람이 금세 가까워지고 있었다. 흰 머리카락에 지팡이를 짚은 허리 굽은 노파가 인기척을 느꼈는지 멈추고 돌아서 얼굴에 환한 미소를 띠며 인사한다.

"할로!"

그리스식 인사다. 미케네에 도착해 처음 만난 노파에게 정겨운 인사를 받았다. 서울을 떠나 그리스 외딴 시골을 떠돌아다니고 있다는 사실에 미묘한 희열을 느꼈다. 그 순간 나의 몸과 마음은 미케네의 따뜻하고 향기로운 5월의 공기 그 자체였다. '나'라는 존재는 없었다. 어느 곳이나 나그네를 환대해야 할 원칙이나 율법이 존재하는 건 아니겠지만, 낯선 길 위에서 받는 환대는 변함이 없다는 생각이 들었다. 대학 시절 처음 여행을 시작하고 오늘날까지 소위 종족이나 국가 혹은 종교나 피부색이 다르다는 이유로 언짢은 경험을 한 적이 한 번도 없었다. 적지 않은 세월 낯선 나라를 떠돈 여행자로서는 정말 기분 좋은 일이며 한편 다행스러운 일이라는 생각도 들었다. 그러한 생각에 잠기자 무한한 행복감이 일어났다.

미케네의 시골길은 평소 동경하던 그리스적인 분위기였다. 하지만 현재의 미케네는 시골이나 다름없다. 과거 미케네는 크레타섬에서 발달한 미노아 문명의 뒤를 이은 에게해 문명의 중심지였다. 지중해 지역에 분포한 도시의 상선들이 드나들던 해상이 발달한 도시였으며, 크레타 다음으로 에게해 일대를 지배하였고, 이오니아 일대에 식민지를 건설할 정도로 영향력도 막강했다. 기원전 800년쯤 호메로스는 미케네를 '황금

미케네의 시골길
레스토랑과 상점이 즐비한 마을을 벗어나 마을 뒤편으로 접어들면 유적지까지 이어지는 오솔길이 있다. 그리스 펠로폰네소스의 전형적인 시골 풍경을 오롯이 감상할 수 있다.

이 풍부한 땅'이라고 소개했다. 호기심 많고 열정적인 한 독일인은 호메로스의 기록이 사실이었음을 증명해 냈다. 지금으로부터 최소 3,000여 년 전 이야기다. 신화와 역사의 구분이 모호한 미케네를 여행한다는 것은 곧 그 경계를 넘나드는 일이며, 인간이 경험할 수 있는 가장 원시적인 일을 체험할 기회를 얻는 것이다. 그것도 사라진 도시 위에 작은 올리브 나무 사이로 가느다랗게 펼쳐진 미케네 시골길을 거닐면서….

　이튿날 깨어난 곳은 '판 탈레스'라는 작은 호텔이다. 동이 트기 전 창밖에는 오렌지 나무가 정원을 가득 메우고 있었고 마당 한편에서는 닭들이 이리저리 뭔가를 쪼아 대면서 울고 있었다. 지난밤 삼킨 포도주 향이 남아 있는 듯한 기분 좋은 아침을 맞았다. '값비싼 어떤 호텔도 이렇듯 아늑하지는 않았다'라는 후기를 보고 선택한 숙소는 기대에 벗어나지 않았다.

　잠자리를 털고 1층으로 향하자, 치즈와 바게트 그리고 몇 가지의 과일이 약간의 음료와 함께 소박하게 놓여 있었다. 다른 한편엔 오믈렛과 완두콩처럼 보이는 커다란 콩에서 김이 모락거리고 올랐다. 오믈렛과 콩을 담고 커피를 내리는데 숙소를 지키던 노인이 친절하고 다정한 모습으로 다가와 음료를 따르며 말을 걸었다. 아무래도 뭔가 흥미로운 사실이라도 전해 줄 모양이다.

　그는 자신의 이름이 인쇄된 선박 사진을 보여 주었다. 한국에서 조선소의 책임자로 유조선을 만들었다며 자랑스럽게 말을 이어 갔다. 대한민국 국적의 고객으로부터 과거를 회상하고 있다는 것을 느꼈다. 그는 김치를 먹어 봤다며 여러 가지 한국 음식에 관해 이야기했다. 나도 오랜 친구를 만난 것처럼 기분 좋게 맞장구를 했다. 그는 한국에서의 시절을 그리워한 나머지 한국인도 좋아하게 되었다고 했다. 그가 한쪽 귀퉁이에 놓인 커다란 돌덩이 하나를 가리킨다.

"이것은 그리스의 보물이며, 미케네의 유물이자 우리 집 보물이죠."

미케네 유적지에서 가져다 놓은 것인데 2,000년은 넘은 것이라며 흡족한 얼굴로 말한다. 도저히 가치를 매길 수도 없을 만큼 오래된 유물이 작은 호텔에 장식품으로 놓여 있다니. 지금까지 최소 3,000여 년 전 갈고 다듬어진 유적이 미케네 시골의 낮은 산 하나를 다 덮고 있으니 놀랄 일도 아니었다. 그 밖에 작은 소품들도 진열된 것으로 보아 이 동네 사람들에게는 미케네 문명의 폐허에서 들고 온 유물 몇 점을 뜨락을 장식하는 데 쓰거나 거실 식탁에 올린다 해서 큰 죄가 되는 거 같지 않아 보였다.

"알렉스!"

그가 말했다.

"언덕을 조금만 오르면 현재에서 고대로 넘어가는 문을 만나게 될 거요. 행운을 빌어요, 알렉스!"

알렉스는 내가 외국에서 쓰는 이름이다. 예약할 때 보낸 편지의 서명을 그가 기억하고 있다는 것을 알았다. 그는 일어나 주방으로 향했다. 누군가 그를 부르는 소리에 대화는 멈췄지만, 그리스인답게 호기심도 많아 보였고 친절했으며 덕분에 식사도 즐거웠다. 황금 같은 유물은 다 사라지거나 흩어져 전시되었을 터, 그나마 좀 남아 있는 미케네 문명의 폐허를 보러 갈 채비를 단단히 갖추고 호텔을 빠져나왔다.

뜨락에 떨어진 황금빛 오렌지 하나를 주워 들었다. 삼나무 숲이 이어진 오솔길을 따라 사이프러스 나무의 긴 그림자를 밟고 언덕을 오르자, 올리브나무 숲이 펼쳐졌다. 키 작은 올리브나무에 기대어 올라온 길을

내려다보고 앉았으니 멀리 보이는 능선은 온통 은빛으로 반짝이고 지나
온 길은 하얗게 반짝인다. 노랗거나 붉거나 연분홍의 들꽃이 만발했다.
대기의 반이 천리향 내음과 층층이 꽃향기, 재스민 향기였고 나머지 반
은 온통 그리스의 땅과 바다와 하늘의 냄새다.

아트레우스의 보고,
사자문

| 신화와 역사의 경계 |

'진실은 보이는 것을 믿는 것이고 신화는 보이지 않는 것을 믿는 것이
며 역사는 진실과 신화 사이에서 태어난 딸이다.'

철학자 칼리스테네스*Callisthenes*는 역사에 대해 이렇게 정의했다. 그는
아리스토텔레스의 조카로 알려진 인물로 알렉산드로스 원정에 따라나
선 철학자다. 미케네를 여행한다는 것은 곧 신화와 역사의 경계를 넘나
드는 것이다. 따라서 미케네를 여행하기 전에 신화와 역사의 의미를 먼
저 되새겨 보는 것도 좋겠다는 생각이 들었다.

아트레우스의 보고*Treasury of Atreus*로 알려진 무덤을 먼저 찾았다. 미케
네의 첫 번째 마을을 조금 벗어나면 제일 먼저 만나게 되는 미케네 유적
이기 때문이었다.

층층이 쌓인 무덤은 완벽하게 보존되었다. 아트레우스의 보물 창고라

고 알려졌지만 이름에 걸맞지 않게 보물은 보이지 않았다. 안구가 움푹 팬 해골도 보이지 않고 생명도 존재하지 않았다. 어쩌다 드나드는 방문객은 나 같은 여행자다. 그들에게 수천 년 전 망자를 위한 애도는 없다. 누구도 의식하지 않고 경계도 없이 원통형 무덤을 들락거리며 작은 핸드폰에 기념사진을 담는다.

일단의 여행객 무리가 들이닥쳤다. 미케네 발굴의 주도적이었던 하인리히 슐리만의 후예들, 독일 여행자들이다. 인솔자의 말에서 아가멤논이 언급되었고 비극 시인 아이스킬로스의 이름도 들렸다. 한 줄기 빛이 무덤 한가운데를 차지하고 있는 모습은 마치 비극의 무대에 선 배우를 비추는 조명 같다. 누군가는 설명에도 아랑곳하지 않고 층층이 쌓인 벽에 손을 대 보기도 하고 누군가는 빛이 쏟아지는 천정으로 고개를 젖힌 채 설명을 듣기도 했다. 누군가 인솔자를 향해 툭 던지듯 질문을 했다.

"역사 속 인물이에요, 신화 속 인물이에요?"

미케네를 방문하면 으레 갖게 되는 호기심이다. 아마도 호메로스의 『일리아스』나 『오디세이아』를 읽고 하인리히 슐리만의 발굴에 대한 기록과 유물들을 관심 있게 살폈더라면 '역사'로 인식했을 터이고, 그리스 신화가 머릿속에 각인되었다면 신화 속 인물로 여겼을 터. 칼리스테네스의 말을 빌려 언급한 것처럼 미케네를 여행한다는 것은 보이지 않는 것과 보이는 것을 믿는 것이기 때문에 무지한 질문은 아니었다.

아트레우스는 전차 경주로 이름을 날린 펠롭스의 아들이며 트로이 전쟁을 이끈 아가멤논의 아버지이다. 그의 시조가 탄탈로스이며 그의 아들 펠롭스도 신화에 등장한다. 하여튼 그에 대한 답변을 어떻게 했는지 듣지는 못했다. 그때부터 나는 청동 무구나 금은보화로 가득한 상자들과 세발솥, 포도주 희석용 동이와 올리브 기름과 곡식을 저장했을 만한

아트레우스의 보고
동서 방향으로 길이 36m, 너비 6m이
며 만들어진 시기는 미케네 문명이 번
영한 기원전 1400~1250년쯤으로 보
고 있다. 인근 클리타임네스트라의 무
덤과 그의 정부 아이기스토스의 것으
로 알려진 무덤, 그와 유사한 무덤이 총
9기가 더 있다.

항아리, 황금으로 만든 장신구들이 어떻게, 어떤 식으로 놓여 있었을까
상상하면서 주변을 살피는 데 빠져 있었기 때문이다.

아트레우스의 보고를 살피며 왕의 얼굴들을 떠올려 보려고도 애썼다.
특히 아트레우스의 표정을 상상했다. 그의 표정이 다정하거나 온화했을
까? 근엄하거나 인자했을까? 혹은 똑바로 쳐다볼 수도 없을 만큼 음험하
거나 험악하여 무자비한 공포심이 절로 일어났을까?

이런저런 감상에 젖어 있을 때 독일에서 온 일단의 여행자들이 인솔
자가 이끄는 대로 우르르 몰려 나갔다. 마치 그들과 일행이라도 되는 듯
뒤를 따라 나갔다. 언덕을 조금 더 오르자 멀리 2개의 높은 언덕 사이에

사자문과 키클롭스의 벽(Lion Gate & Cyclopean walls)
사자문은 총 4개의 거석으로 구성되어 있다. '아가멤논의 황금가면'과 함께 미케네의 상징이다. 성벽은 성채를 중심으로 둘레 900m에 걸쳐 있으며 성채 내부에는 궁전이 있는데 성벽은 키클롭스의 벽으로 알려졌다. 키클롭스가 세운 미케네의 성벽이라고 연관을 지은 사람은 에우리피데스다.

성채의 흔적이 보였다. 조금 더 오르자, 성채로 들어가는 관문인 사자문이 나타났다. 두 마리의 암사자가 하나의 기둥을 중심으로 마주 보도록 대칭으로 조각된 문이다. 공간은 그대로이며 시간도 멈췄다. 성채의 견고한 벽은 울퉁불퉁한 석회암 기반암에 맞춰져 있었다. 인간의 힘으로는 도저히 만들어 낼 수 없을 만큼 엄청난 크기여서 포세이돈의 아들인 거대한 외눈박이 괴물, 키클롭스가 바위를 옮겨 다니며 만들었다고 하니, 일명 '키클롭스의 벽'이라고 불릴 만했다.

역사 혹은 신화로 들어가는 출입구에서, 과거와 현재의 경계를 넘나들며 상상력을 발휘한다. 대여섯 살 되어 보이는 조금 큰 녀석과 조금 작은 아이 둘이 허리까지 검은 머리카락을 길게 땋아 늘어트린 여인의 손을 잡고 간다. 한 아이가 내게로 다가오자 흘끗 뒤돌아본 여인과 눈이 마주쳤다. 나는 말 없이 가볍게 묵례만 한다. 무릎을 살짝 덮은 키톤이 잘 어울리는 꼬마 아이가 후다닥 다가와 잽싸게 내 허리춤에 매달린다. 그러자 어깨와 발목을 빼고 온몸을 감싼 여인은 자주색 치맛자락을 움켜쥐고 다른 한 손으로 아이의 손을 잡아끈다.

여인의 옷자락에서 하얀 진주와 파란 조가비가 반짝였으며 황금 팔찌와 발찌가 손목과 발목에서 황금빛으로 빛났다. 아이를 낚아챈 그녀는 무표정한 얼굴로 궁전이 있는 언덕을 오른다. 나는 한쪽 눈을 뷰파인더에 밀착시키고 다른 한쪽 눈을 감았다. 카메라 셔터를 누르면서 그들의 호기심 어린 눈을 더욱 자극했다.

수천 년 넘은 미래에서 온 낯선 사람의 방문을 경계하면서도 호기심 가득한 시선, 불안한 눈동자…. 귀엽고 사랑스러운 꼬마들이 고개를 돌리고 계속해서 나를 바라본다.

"아이야! 어디로 가는 길이니?"

내가 물었다. 꼬마가 껑충껑충 뛰면서 말한다.

"큰아버지가 우리를 초대했어요. 우리 큰아버지가 여기 왕이에요, 왕! 아트레우스 왕이라고요!"

미케네 궁전

| 잔인한 잔칫상 |

꼬마들과 미케네 여인은 마술처럼 사라졌다. 한 발 한 발 신화의 땅을 디디고, 미케네의 역사 속으로 들어간다. 사자의 문을 지나면 바로 만나는 것이 곡물창고다. 이곳에서 밀알이 발견되었다. 까닭에 곡물창고라고 이름이 붙여졌다. 왼쪽으로 붙어 있는 거대한 원형 구조물은 묘지다. 무덤은 직립형 석판이 원형으로 이중으로 둘러싸여 있어 '원형 무덤 A^{Grave Circle A}'라고 이름 지었다. 성채의 서쪽 벽 바깥쪽에 있는 '원형 무덤 B^{Grave Circle B}'와는 달리 원형 무덤 A에서는 다수의 유골과 함께 금속 무기, 그리고 미케네 문명을 상징하는 '황금가면'이 발굴되었고 머리에 쓰는 금관과 황금 장신구와 함께 금박 장식품들도 발굴이 되었다.

지금으로부터 최소한 3,500년 전에 사용된 유물이라는 사실 하나만으로도 몹시 놀랍고 재밌다. 더욱 놀라운 사실은 이 유적을 발굴하게 된 경위다. 신화로 읽히던 호메로스의 『일리아스』와 『오디세이아』 속 기록

미케네 고고학 유적의 원형 무덤 A(Grave Circle A)
원형 무덤 A는 왕실 묘지로 알려졌다. 직경 27.5m인 무덤에서 19구의 유골과 함께 14kg의 황금으로
만들어진 장신구가 발견되었다.

을 근거로 발굴이 시작되었으며, 실제로 '황금이 많은 미케네'라고 기록한 호메로스의 기록이 전설이 아니라는 것이 입증되기까지 한 것이다. 실로 미케네를 여행한다는 것은 신화와 역사에 대한 의식이 일깨워지는 과정이기도 하다.

좀 더 앞으로 나아가면 '램프 하우스*Ramp House*'와 '전사의 화병*House of the Warrior Vase Great*'이라고 이름 지어진 폐허를 만나게 되는데, 역시 형체도 알아보기 힘든 돌무더기의 폐허이다. 그런데 이 두 건축 구조물은 미케네 문명을 규정하는 데 큰 보탬이 되었다. 이름이 생경하지만, 해발 300m로 솟아 있는 궁전 단지 내 높은 경사로에 위치한다는 이유로 '램프 하우스'라고 불렀음을 알 수 있다. '전사의 화병'도 큰 경사로에 있는 폐허인데, '전사의 꽃병'으로 알려진 도자기가 이곳에서 발견되면서 도자기에서 그 이름을 따왔다. 거주지 또는 궁정 관리용 건물이었던 것으로 추정하고 있다.

미케네인들의 무기와 장신구(Mycenaean Weapons & Accessories)와 도끼, 미케네 고고학 박물관
미케네 유적의 발굴을 통해 밝혀진 대부분의 중요한 보물과 미케네인의 생활 방식을 알 수 있는 장신구와 함께 미케네의 군사 정보를 알 수 있는 무기들이 미케네 고고학 박물관에 전시되어 있다.

전사의 꽃병(Mycenaean Warrior Vase), 아테네 국립 고고학 박물관
미케네 폐허에서 발견되었다. 점토로 만들어진 그릇은 포도주 희석용 동이다. 도자기의 형태와 무늬는 미노아 예술이 미케네 문명에 영향을 미쳤다는 사실을 확인시켜 주고 있으며 5명의 미케네 전사의 그림이 그려져 있어 전사의 꽃병으로 이름 지어졌다.

    미케네 도자기 '전사의 꽃병'은 보물과 함께 미케네의 문화 예술을 가늠할 수 있는 중요한 유물로, 미케네의 도자기 중 가장 상징적인 작품 중 하나다. 또, 호메로스의『일리아스』와『오디세이아』에 자주 언급되는 포도주 희석용 동이도 직접 보고 느낄 수 있는 존귀한 유물이다.

    도자기는 사진이라 여겨도 좋을 만큼 수많은 정보를 담고 있다. 특별히 점토로 만들어져 아름답기도 하고, 표면에 그려진 그림은 기원전 1200년쯤의 미케네 문명을 가늠할 수 있게 한다. 일상에서 쓰이는 도자기 속 용사들의 모습은 미케네가 군사적인 도시였음을 시사한다. 투구를 쓰고 창과 방패를 든 미케네의 전사가 행렬을 지어 가는 모습, 그리고 그들을 향해 손을 흔드는 여인의 모습이 한 편의 영화처럼 재현되어 있다.

    궁전 터에 가까이 이르자 말 그대로 폐허다. 곡물창고, 집단 거주지, 종교 의식이 있었을 법한 신의 제단. 미케네의 흔적들은 학자들의 발굴

미케네 여인의 프레스코화
(Mycenaean Lady Fresco)
미케네 유적 내부에서 발견되었다. 기원전 13세기 작품으로, 크레타 궁전에서 발견된 프레스코화와 기법이 유사하여 크레타 문명과 미케네 문명의 연관성을 짓는 데 중요한 유물로 간주되고 있다.

미케네 고고학 유적의 폐허
미케네의 심장부, 궁전의 뜰에서 바라본 전망. 멀리 아르고스의 평원이 펼쳐져 있어 천혜의 요새와 같다.

과 연구 결과로 만들어진 안내서에 의지하지 않으면 쉽게 알아볼 수가 없다. 꽤 멀리 지나온 것 같지만 사자문에서 고작 40m 정도 떨어진 가장 높은 지점이다. 왕궁 터는 돌무더기가 쌓인 흔적으로 가까스로 형태를 유지하고 있다. 지붕과 벽은 다 허물어지고 기단만 남은 담장에 몸을 기대고 앉아 올라온 길을 내려다보니 멀리 시원한 바다 전망이 펼쳐진다. 은빛으로 빛나는 광경은 의심할 바 없이 평화롭고 아름답다. 하지만 미케네의 역사적 상황을 떠올리면 수시로 드나드는 상선은 물론 언제 침입해 올지 모를 적의 함선을 경계하기에 안성맞춤인 천혜의 요새라는 생각이 먼저다. 권력자들이 이 높은 언덕을 탐할 수밖에 없었던 이유를 단번에 알 수 있다. 기원전 1600년부터 1100년까지는 미케네뿐만 아니라 에게해와 지중해 일대에 영향을 미칠 만큼 군사, 행정, 경제 통치의 원천이며 심장부였으리라.

나는 아가멤논이라도 된 것처럼 바다를 가득 채운 함선들을 바라본다. 그러자 트로이 원정군의 총사령관 미케네 왕, 아가멤논의 귀환 장면이 한 편의 영화처럼 펼쳐진다. 이제는 정말 상상력이 필요하다.

미케네 신화와 역사는 처음과 끝이 통증이자 고통이다. 그리스 시인들은 이곳에서 피 냄새를 맡고, 미케네의 결정적 순간을 이야기하며 비극을 노래했다. 그런 까닭인지 궁전은 미케네의 흉터처럼 깊고 둥글게 패여 음산한 피비린내가 진동한다. 도대체 아가멤논 일가에게 어떤 일이 벌어진 것일까?

펠롭스의 아들 아트레우스와 그의 아우 티에스테스는 미케네 왕권을 놓고 피비린내 나는 골육상쟁을 벌였다. 트로이 전쟁이 발발하기 직전이었다. 아트레우스는 동생이 왕비를 유혹하고 왕권의 상징인 황금 모피의 새끼 양을 훔쳐 왕권을 위협하자 그를 추방한다. 훗날 그가 돌아오자 환영하는 척하며 왕궁에 잔칫상을 차리고 그를 위해 고기를 내놓는데, 잔혹함이 상상을 초월한다.

티에스테스는 형이 자기 아들 셋을 잔인하게 살해한 것도 모자라, 아들들의 살점으로 고깃국을 만들어 자신에게 먹게 만든 사실을 알게 된다. 이에 아들들의 살육을 토해 내며 복수할 방법을 찾아 신탁을 구한다. 그런데 그에게 내려진 신탁이 또 괴기스럽다. 딸과 관계하여 아이를 낳으면 그 아이가 대신 복수해 주리라는 것이다. 분노로 휩싸인 티에스테스는 결국 자기 딸을 겁탈해 자식을 얻게 되는데, 태어난 아들이 아이기스토스다. 그가 훗날 아가멤논의 부인 클리타임네스트라Clytemnestra의 정부情夫다.

아가멤논의 귀환

아트레우스의 아들 아가멤논은 황금이 넘치는 땅 미케네의 왕이었으며, 트로이 원정군을 이끈 그리스 연합군 총사령관이었다. 트로이 원정이 시작되고 10년 세월이 지났다. 아가멤논이 10년간 미케네 궁전을 비운 사이 미케네의 왕권은 약화하였고, 오랜 시간 지체된 트로이 원정으로 미케네 경제는 무너져 가고 있었다. 또한 그사이 그의 부인 클리타임네스트라는 아트레우스 왕의 동생이 근친상간으로 얻은 아들 아이기스토스와 정을 통하고 있었으니 미케네 왕궁에 어둠의 그림자가 짙게 깔려 있었다. 클리타임네스트라는 아가멤논을 죽이기로 결심하고 자신의 정부인 아이기스토스와 함께 그가 왕궁으로 돌아오기만 기다렸다.

아가멤논은 천신만고 끝에 트로이를 괴멸시키고 10년 만에 자신의 왕국, 미케네 항구에 도착해 닻을 내렸다. 아가멤논이 이끄는 마차에는 트로이 왕의 딸이자 트로이 영웅 헥토르의 남매인 카산드라가 함께 있었다. 그녀가 누구인가. 아폴론에게 예언 능력을 받았으나 구애를 거절한 까닭에 설득력을 빼앗겨 누구도 그녀의 말을 믿지 않는 불완전한 예언자다. 트로이 목마를 성안으로 들여놓으면 트로이는 멸망한다고 예언했을 때도 그녀의 예언에 귀를 기울이는 사람은 없었다. 결국 트로이는 멸망하여 아가멤논을 주인으로 섬기는 처지가 되었고, 그녀 또한 전리품으로 건너온 것이다. 아가멤논이 그녀와 함께 마차로 옮겨 타고 미케네 언덕을 지나 사자문 앞에 이르자, 클리타임네스트라는 속내를 숨기고 엄동설한에 따뜻한 햇볕을 만난 것 같다며 자줏빛 융단을 밟고 궁전 안으로 들라고 권한다. 카산드라는 피비린내 나는 땅에서 곧 닥칠 아가멤논과 자신의 죽음을 예견하며 극도의 공포감에 사로잡혀 아폴론을 원망하는데, 그때 궁전 목욕탕에서 외마디 외침과 함께 고통스러운 소리가 들린다.

"아아! 일격을 당했다. 치명타다!"
아가멤논은 또 소리쳤다.
"다시 한번, 아아! 두 번째 일격을 당했다."[11]

왕 중의 왕 아가멤논이 죽었다. 아내의 정부인 아이기스토스에 의해 쌍날 흉기를 맞고 살해당했다. 신하들은 왕을 살해하고 불법으로 왕좌를 차지하려는 아이기스토스가 미케네의 참주가 되어 잔혹한 참주정이 열릴 것을 두려워했고, 그를 찬양하느니 차라리 죽어 버리는 것이 낫겠

아가멤논의 가면(Mask of Agamemnon), 아테네 국립 고고학 박물관
독일 고고학자 하인리히 슐리만(Heinrich Schliemann)은 아가멤논의 시신을
발견했다고 믿고, 아가멤논의 황금가면이라고 주장하며 이름을 붙였다. 현대
고고학 연구에 따르면 트로이 전쟁 시기보다 300~400년 앞선 기원전 16세
기 유물로 알려졌다.

다고 한탄했다. 도대체 클리타임네스트라는 무슨 철천지한을 가진 것일
까? 아이기스토스와의 부정을 숨기고 싶었던 까닭일까? 하지만 어디에
도 그런 증거는 없었다. 그리스의 비극 시인들은 아가멤논에 대한 그녀
의 복수심을 노래했다. 한이 맺혀도 단단히 맺혔다.

아가멤논이 그리스 연합군을 이끌고 트로이 원정에 올랐을 때, 폭풍
우 때문에 트로이로 향하는 항해가 지연되었다. 이때 아가멤논의 딸 이
피게네이아를 아르테미스 여신에게 제물로 바치면 신의 노여움을 잠재
우고 폭풍을 막을 수 있다는 예언이 비극의 발단이었다. 아울리스에서
트로이 전쟁의 제물이 된 이피게네이아는 자신의 처지를 안타까워하며
죽음을 두려워하지만, 결국 조국 그리스를 위해 희생됨을 영광으로 여
기며 운명에 순응한다.

《아울리스의 이피게네이아》는 오랜 시간이 흐른 뒤에도 오페라와 연

극을 포함한 다양한 형태의 예술로 각색되었다. 하지만 이러한 감상은 비극적인 작품을 즐기는 우리 여행자의 한가로운 감상일 뿐이다. 사랑하는 딸을 제물로 바친 아가멤논의 부인에게는 상상도 할 수 없는 끔찍한 비극일 수밖에 없다. 딸자식이 아비가 벌이고 있는 전쟁의 제물로 희생되었다는 소식을 들은 어미의 찢어지는 심정을 누가 어떻게 헤아릴 수 있을까? 정부와 부정한 관계를 숨기기 위한 살해였는지는 정확히 알 수 없지만 클리타임네스트라의 아픔과 분노와 복수심은 결국 아트레우스 형제에 이어 아가멤논에 이르기까지 탄탈로스 가문의 비극적인 사건을 멈추지 않고 전개시켰다.

> "아아, 이 비천한 침대에 누워 당신 아내의 손이 휘두르는 양날의 무기에 의해 배신적인 죽음을 맞이하게 되다니!"[12]

죽어 있는 왕의 시신을 향해 원로가 슬퍼하자 클리타임네스트라는 아가멤논을 죽인 것은 딸을 제물로 희생시킨 것에 대한 죗값을 치른 것이며, 아가멤논을 죽인 것은 자신이 아닌 아가멤논의 아버지 아트레우스에 의해 죽어 나간 어린아이들의 혼령이라고 말하며 자신의 정당성을 강조한다.

아가멤논의 얼굴을 상상할 때마다 떠오르는 것은 '아가멤논의 황금 가면'이다. 흔들림이 없고 굴하지 않으며, 숙고하는 표정이다. 교만함도 없다. 그런데 현대 과학에 근거한 고고학자들에 의하면 이 가면이 아가멤논의 것이 아니라고 한다. 김이 좀 샜다. 하지만 '교만하지 않은 마음은 신이 주신 가장 위대한 선물'이라고 쓴 것을 보면 아이스킬로스는 분명 아가멤논을 '왕 중의 왕'으로 높이 평가하며 비극《아가멤논》을 썼다는 것을 알 수 있다. 실제로 탄탈로스에서 펠롭스, 그리고 아트레우스 형제들의 잔학무도한 행적과 달리 호메로스를 비롯한 시인들의 어떤 기록에도 아가멤논이 극악무도하고 잔인했다는 이야기는 뚜렷하게 존재하지 않는다. 그런데도 그는 아내와 그녀의 정부에 의해 무참하게 살해당했다.

그렇다면 아가멤논의 죽음으로 아가멤논 일가의 피비린내 진동하는 골육상쟁은 끝이 난 것일까? 그렇지 않다. 그리스 신과 인간의 이야기는 처음과 끝이 모호함이 없다. 복수는 복수를 낳는 법, 아가멤논 일가의 비극적인 이야기는 인간은 왜 고통과 불행을 겪어야 하는가에 대한 질문을 끝없이 던진다. 아가멤논의 딸 엘렉트라가 엄마를 증오하며 복수를 결심한다. 그렇다면 아가멤논 일가 저주의 근원은 어떻게 생겨난 것일까?

탄탈로스의 오만과 펠롭스의 수많은 노고

'그 옛날 펠롭스의 수많은 노고를 가져다준 전차 경주여. 너는 어떤 재앙을 이 나라에 가져다주었던가!'

소포클레스의 비극《엘렉트라》에서 코러스는 아가멤논 일가에게 닥친 저주의 근원을 이렇게 노래한다. 애초에 아가멤논 일가의 시조인 탄탈로스의 오만이 화근이었으며, 저주의 근원은 그의 자식 펠롭스의 수많은 노고로부터 시작되었다. 탄탈로스는 악행을 서슴지 않아 신들을 분노케 만들곤 했다.

한번은 대범하게 신들의 전능을 시험하기까지 했다. 신들을 식사에 초대해 놓고 자기 자식인 펠롭스를 죽여서 만든 고깃국을 식탁에 올린 것이다. 딸 페르세포네를 잃은 슬픔에 정신이 팔렸던 데메테르를 제외하고는 아무도 고깃국을 먹지 않았다. 분노한 제우스는 곧바로 펠롭스를 살리라는 명령을 내렸다. 그리고 탄탈로스에게는 형벌을 내리는데, 1장의 시시포스에게 내려진 형벌과 크게 다르지 않다. 헛된 기대를 하게 만들거나 안타깝게 만들어 탄탈로스를 애먹게 하는 형벌이었다. 오죽 가혹했으면 그가 당한 형벌을 보고 '애먹인다'라는 의미의 'Tantalize'가 만들어지기도 했을 정도였다. 탄탈로스가 겪는 고통은 상상만 해도 갈증이 나고 허기가 진다. 탄탈로스가 형벌받는 모습을 호메로스는 이렇게 묘사했다.

"나는 탄탈로스가 극심한 고통을 겪으며 연못에 서 있는 것을 보았는데, 물이 그의 턱까지 차올라 있었다. 그는 목이 말랐지만 마실 수 없었다. 노인이 물을 마시고 싶어 몸을 구부릴 때마다 물은 사라지고, 그의 발밑에는 검은 땅이 드러났는데, 이는 어떤 신이 모든 물을 말려 버렸기 때문이다."[13]

한편 제우스의 명령에 의해 펠롭스는 뼈와 살이 다시 맞춰졌다. 데메테르가 먹었던 어깨는 재생시킬 수가 없어 상아로 대체시켰다. 펠롭스는 아름다운 소년으로 다시 태어났다. 다시 태어난 펠롭스는 사랑에 빠졌다. 상대는 올림피아에 있는 엘리스 지방 피사*Pisa*의 왕 오이노마오스*Oenomaus*의 딸이었다. 공주의 이름은 히포다메이아*Hippodamia*다. 그런데 그녀와 결혼하기 위해서는 오이노마오스와 전차 경주를 벌여야만 했다. 목숨을 내놓는 경주였다. 사위에게 죽게 된다는 예언을 들었던 오이노마오스는 사위를 둘 수 없는 처지였다. 하지만 딸을 생각하면 막무가내로 결혼을 반대할 입장도 아니었다. 그렇게 오이노마오스가 생각해 낸 것이 전차 경주였다. 그는 전차 경주에 있어서는 무적이나 다름없었다. 이 사실을 알고 있었던 펠롭스는 포세이돈에게 도움을 요청했다. 포세이돈은 훌륭한 전차와 뛰어난 말을 선물했다. 펠롭스는 오이노마오스를 앞지르는 것만으로는 충분하지 않았다. 완전한 승리를 보장하기 위한 계획을 세웠다. 오이노마오스 왕의 마부를 매수하기로 마음먹었다.

"내가 전차 경주에서 완전한 승리를 하고 피사의 왕이 되면 그대가 원하는 건 뭐든 들어주겠네."

펠롭스는 오이노마오스의 전차 바퀴가 빠질 수 있도록 조치해 달라고 왕의 마부인 미르틸로스를 설득했다. 그러자 미르틸로스가 말했다.

"펠롭스, 그대가 전차 경주에서 승리하고 공주와 결혼하게 된다면, 결혼식 날 밤에 공주와 먼저 잠자리를 갖게 해 주시오. 그러면 그대의 부탁을 들어주겠소."

"그렇게 하겠소."

펠롭스는 즉시 답했다. 문제 될 것이 없다는 식이었다. 그러자 왕의 마부인 미르틸로스가 말했다.

"한 가지 더 있소. 나에게도 왕국 일부를 주시오."

펠롭스는 그것도 문제 삼지 않고 흔쾌히 약속했다.

마부가 매수되자 펠롭스는 만족스러웠다. 마부는 뇌물로 히포다메이아와의 첫날밤과 왕국 일부를 받을 생각에 기뻤다.

마침내 전차 경주가 벌어졌다. 경기는 거칠게 진행되었다. 점점 속도가 붙자, 오이노마오스 왕의 전차에 달린 밀랍 핀이 녹으면서 바퀴가 풀려 나갔다. 오이노마오스는 전차를 제어할 수 없게 되었고, 결국 죽음을 맞이했다. 펠롭스의 계획은 성공적이었다. 공주와의 결혼은 성대했다. 미르틸로스는 약속했던 대로 공주와 첫날밤은 자신에게 달라고 요구했다. 그러자 피사의 왕이 된 펠롭스는 또다시 음모를 꾸며 미르틸로스를 바다에 던져 죽여 버렸다.

펠롭스의 이런 부정한 행동은 심각한 결과를 가져온다. 펠롭스에게 배신당한 미르틸로스는 숨이 끊어지기 전 펠롭스와 그의 후손들에게 저주를 퍼부었는데, 탄탈로스 가문에 닥친 일련의 비극적인 사건들과 불행들에 대한 예언이었다.

미케네 왕국의 이 같은 비극은 인간이 욕망과 야망으로 타락했을 때 발생할 수 있는 결과로 도덕성, 정의, 그리고 인간의 조건에 대한 중요한 의문을 제기한다. 그리스 비극의 주요 내용을 종합해 보면 인간을 인간답게 만드는 것은 한 사람이 살아가면서 얻은 흉터이며, 고통과 고난과 같은 경험에서 얻어지는 지혜는 어떤 종교적 믿음보다 더 가치가 있거나 의미가 있다. 말하자면 통찰의 기원은 고통에서 비롯된다는 것이다. 아이스킬로스의 《아가멤논》에서 코러스는 인간을 깨달음의 길로 인도하는 합창을 이렇게 노래한다.

'인간을 깨달음의 길로 인도하는 제우스, 그분께서 "지혜는 고난에서 나온다"는 확고한 법칙을 세우셨으니, 잠이 들 때 고통의 기억이 마음에 흘러내리듯이, 인간이 원하든 원하지 않든 지혜는 생기는 법.'[14]

미케네의
소멸과 암흑기

미케네 문명이 사라졌다. 내 허리춤에 매달리던 꼬마도 사라졌고 미케네 여인도 다 사라졌다.

도시의 약탈자 아가멤논의 신음도 사라지고 붉게 젖어 흐르던 피도 말라 버렸다. 그리스 세계는 깜깜한 어둠의 세계가 되었다. 여러 가지 특정할 수 없는 원인으로 인해 궁전들이 사라지고 암흑시대가 도래했다.

미케네 문명은 기원전 1500년에서 1400년 사이에 크레타 문명이 쇠퇴하면서 나타나기 시작했다. 크레타 문명의 문화·예술적인 요소들과 미케네에서 발굴된 요소들이 유사한 까닭에 고고학자들은 미케네인들이 미노아 문명을 일으킨 크레타인으로부터 문화·예술뿐 아니라 그들의 습성과 관행을 받아들였다고 믿는다. 그렇게 기원전 1400년부터 1100년까지 꽃피운 황금의 풍요로운 미케네 문명도 사라졌다. 기원전 1100

년경부터 기원전 800여 년 호메로스가 등장할 때까지 진실을 알 만한 문자 하나 없으니, 고고학자들은 이때를 '그리스의 암흑기'라고 일컬었다.

미케네 문명이 지진과 같은 자연재해에 의해 사라졌다는 설도 있고 본토 북서부에서 내려온 도리아인들이나 지중해 일대를 떠돌아다니는 바다 민족에 의해 멸망했을 것이라는 등 여러 가지 추측이 난무하지만, 만족스러운 설명은 없다. 어찌 됐든 외부의 침입이나 자연적인 재해가 원인일 것이라는 추측은 모두가 한결같다. 그런데『고대 그리스사』를 쓴 토마스 R. 마틴은 대부분의 가설과 의견을 조금 달리한다. 그는 이렇게 말한다.

"기원전 1200년에서 1000년 이후의 그리스 본토에서 왕궁들이 파괴된 것은 외부의 침략이 아니라, 미케네 그리스 통치자들 사이의 내부 갈등 때문이었다."[15]

트로이 전쟁 당시 미케네의 왕 아가멤논이 그리스 세계에서 가장 강력했다. 그런데 아가멤논은 트로이 원정에서 돌아와 살해당했고, 이타카의 왕 오디세우스는 10년 세월을 바다를 헤매다 귀향했다. 오디세우스는 자기 아내에게 구혼하기 위해 왕가를 위협한 동족의 권력자들을 모두 해치워야만 했다. 저주받은 펠롭스의 후손인 아가멤논과 형제지간이자 헬레네의 남편인 스파르타의 메넬라오스 역시 50척의 선박 중 고작 5척만 남기고 8년 만에 헬레네와 함께 귀향했다. 이처럼 트로이 전쟁 이후 왕권은 무너졌고, 극도로 쇠약해진 그리스 세계의 도시들이 처한 재난은 이만저만한 것이 아니었다.

훗날 헤로도토스는 토마스 R. 마틴의 주장을 뒷받침할 만한 기록을 남긴다. 페르시아의 크세르크세스가 그리스를 침공하자 그리스 사절단은 크레타로 향한다. 그리고 페르시아에 함께 대항할 것을 청한다. 그러자 크레타인들은 과거 트로이 전쟁에 합류했던 것처럼 그리스 연합군의 요청을 받아들여야 할지 묻기 위해 델로스로 간다. 델포이의 신탁을 전하는 여사제인 퓌티아는 트로이 전쟁 당시를 회상하며 그들을 꾸짖는다.

"어리석은 사람들이여, 미노스가 메넬라오스에게 도움을 주었기 때문에 당신들의 백성이 보낸 슬픔이 충분하지 않다는 말인가?"[16]

신탁은 크레타인이 헬레네의 남편인 메넬라오스를 도와 트로이 원정을 했기 때문에 크레타에 재앙이 찾아왔다는 것을 암시하고 있다. 트로이 전쟁이 남긴 후유증은 크레타인에게도 예외는 아니었다. 또 트로이 전쟁을 주도했던 아가멤논부터 그의 자식에 이르기까지 일족 간의 복수에 복수를 낳는 악행을 거듭한 왕가의 잔인한 피가 멈추지 않고 미케네 땅에 흘러내렸으니, 그것만으로도 크레타 미케네 문명의 소멸에 대한 원인을 증명하려 애쓸 필요가 있을까….

나는 또 자신의 가슴을 가로지르듯 역사와 관습을 꿰뚫고 이야기를 전개시켜 나가는 헤로도토스의 『역사』를 펼칠 수밖에 없다. 로마의 정치가이자 웅변가, 철학자, 저술가인 키케로의 표현 그대로, 역사의 아버지이신 헤로도토스는 고대 그리스 세계 역사에 중요한 단서 하나를 남긴다. 그는 트로이 전쟁 전후의 크레타가 처한 상황을 이렇게 쓴다.

'미노스 왕 3대째에 트로이 전쟁을 둘러싼 사건들이 일어나자, 크레타인들은 메넬라오스의 큰 뜻을 위해 누구보다도 용감하게 맞서 싸웠다. 그들이 트로이에서 돌아올 때는 그들과 그들의 양 떼와 소 떼가 기근과 전염병에 시달리다 마침내 크레타는 황폐하게 되었다.'[17]

하인리히 슐리만
(Heinrich Schliemann)

| 신화를 역사로 |

　미케네를 떠올리면 하인리히 슐리만을 소홀히 할 수 없다. 나는 하인리히 슐리만을 떠올리면 동족 의식이 느껴진다. 고전에 담긴 몇 줄의 흔적을 찾아 순수의 세계로 빠져드는 부류의 사람들이 분명히 존재한다는 사실에 기뻤다. 트로이 전쟁은 제우스로부터 시작된 신화이기 때문에, 하인리히 슐리만의 호기심과 열정이 아니었다면 여전히 신화로만 받아들여졌을지도 모른다.

　슐리만은 트로이 전쟁을 역사로 전환한 인물이라고 말할 수 있다. 어린 시절부터 신화를 역사적 진실로 믿었다. 호메로스의 서사시에 광범위하게 등장하는 트로이에 대한 묘사와 단 몇 줄도 안 되는 미케네 이야기는 그의 머릿속에 섬광처럼 번뜩였을 것이다. 모름지기 그는 또 다른 고전을 보고 트로이와 미케네 문명을 역사로 인식했을 것 같다.

하인리히 슐리만
독일의 고대 연구가. 메크렌부르크의 노이브코프에서 출
생, 나폴리에서 사망. 가난한 목사 집안에서 태어나 『일리
아스』를 애독하며 트로이의 실재를 믿고, 장래 발굴을 꿈
꾸었다. (「미술대사전(인명편)」)

슐리만은 전설적인 트로이의 유적을 발견하기 위한 탐구에 착수한다. 1870년 오늘날의 튀르키예 광활한 대지에서 광범위하게 트로이 유적지 발굴을 시작했다. 이어서 1874년 미케네까지 손을 뻗친다. 그리고 무게가 최대 14kg에 달하는 황금으로 만들어진 보물을 발견해 냄으로써, '황금이 풍요로운 미케네'라는 호메로스의 기록을 증명해 낸다. 발굴 성과를 증폭시키기 위한 충동이 일어났는지, 천진한 어린아이와 같은 순수의 세계에서 빠져나오지 못한 탓인지, 소설과 같은 극적 효과를 누리고 싶었는지 발굴을 과장해 내기도 한다.

그 사례가 아가멤논의 황금가면이라고 이름을 붙인 것이다. 또 발굴한 보석과 장신구를 자기 아내에게 두른 후 사진을 찍는 등 비난을 받을 만한 행동도 했다. 그러한 경솔함 때문에 그의 업적은 빛을 잃는다. 권위 있는 사람들은 형벌을 내리듯 그를 비난했다.

잘못된 행동에 대한 배척을 받는 것은 당연하다. 하지만 슐리만은 호메로스의 서사시에 대한 일반적인 인식을 완전히 바꿔 놓았을 뿐 아니라 인류에게 새로운 세계가 있었음을 밝히는 데 헌신했다. 시대적 상황을 감안해도 그의 업적 자체는 빛이 난다. 만일 그가 아니었다면『일리아스』와『오디세이아』역시 흥미로운 신화에 불과했을지도 모른다. 슐리만이라는 엉뚱한 고고학자의 열정이 아니었다면 아무도 트로이 전쟁을 역사의 일부라고 생각하지 않았을 것이다. 슐리만은 순진무구한 질문을 던지면서 동시에 창의적인 상상을 했다. 짐작건대, 그의 정신세계는 거짓과 진실에 경계가 없었으며 그를 지배한 건 비전과 용기였을지도 모른다. 자신이 추구하는 비전을 손으로 만지며 베일을 벗겨 낸 인물, 탐험가이자 몽상가와 같은 아마추어 고고학자 하인리히 슐리만에게 경의를 표할 수밖에 없다. 그의 열정이 없었다면 나는 아마도 그리스 땅을 밟을 생각조차 하지 않았을지도 모른다. 그 덕분에 나는 만족스럽고 즐거웠다.

다음 날, 아침이 밝았다. 해는 어두운 구름 속을 들락거렸다. 비를 맞아도 괜찮을 만큼 방수 옷을 챙겨 입고 카메라도 단단히 챙겼다. 지난밤 빗물이 쓸고 간 언덕은 반짝였고 올리브 이파리 또한 빛이 났다. 거리의 오렌지 꽃향기는 달고 신선했다. 느린 걸음으로 목적지 없이 미케네 시골길을 한참 걷다 쉬기를 반복하며 낮은 언덕에 올라 아침 한나절을 보냈다. 낮은 구릉이 펼쳐진 평원은 한없이 평화롭게 보였다. 미케네의 정겨운 시골을 떠나고 싶지 않지만, 떠날 시간이 가까워지고 있었다.

작은 올리브나무에 기대어 앉아 반나절 넘도록 먼바다를 멍하니 바라보면서 그리스의 비전을 만들어 낸 두 작가 니코스 카잔차키스와 그의 선조 호메로스에게 경탄해 마지않았다. 만일 카잔차키스의 글을 탐독하지 않았다면 미케네의 시골길을 만끽할 수 없었을 것이며,『일리아스』와

『오디세이아』를 읽어 내지 않았다면 내가 발을 디디고 선 미케네의 흔적들은 그저 하나의 돌무더기에 불과했을 것이다. 내가 걷는 길이 순례길과 다름없다는 생각에, 순례자가 된 기분이었다. 그리스 신전과 폐허를 들락거린 탓에 걷는 실력은 늘어가는데 말하는 법을 점점 잊어버리는 기분도 들었다.

마을로 내려오자 한 레스토랑을 젊은 여인이 지키고 있었다. 식당 이름이 엘렉트라다. 엘렉트라는 아가멤논 왕과 클리타임네스트라 여왕의 딸이다. 아버지인 아가멤논을 죽인 어머니에게 복수를 꾀하는 비극《엘렉트라》의 주요 인물이다. 그러고 보니 종일 말 한마디 하지 않았다는 것을 알았다.

"저기요! 버스 정류장이 어디죠?"

내가 묻자 여인은 큰 나무를 가리켰다. 이정표나 푯말 같은 건 보이지 않았다. 그녀가 말했다.

"저기 저 큰 나무 아래요."

버스는 한 시간이나 후에 온다고 했다. 마침 배가 고팠고 머릿속에는 온통 커피 향기가 어른거렸다. 나는 테이블 하나를 차지하고 앉았다. 여인은 읽던 책을 덮고 주문을 받았다. 그리스식 샐러드와 오믈렛, 커피는 잠시 고민을 하다가 라테로 시켰다. 커피 주문에 잠시 머뭇거리던 여인은 깔끔한 목소리로 말한다.

"오케이!"

음식이 다 나오고 한참 후에야 커피가 나왔다. 아무래도 그녀에게 어려운 과제를 준 것 같다. 식사를 마친 뒤 계산하고 돌아서는데 억양과 발음이 조금은 어색한 서양식의 한국어가 들린다. 그녀가 말했다.

"감사합니다."

나는 그제야 미케네 역시 한국 관광객이 스쳐 지나는 코스라는 것을 알게 되었다. 그녀는 밝은 미소를 짓고는 손을 흔들며 한마디 더 했다.

"안녕히 가세요."

카잔차키스에게도 감사했고, 호메로스에게도 감사했으며, 하인리히 슐리만에게도 감사했다. 마지막으로 아가멤논의 딸, 엘렉트라를 닮은 눈앞의 낯선 여인에게도 감사의 마음을 전하면서 미케네 여정을 끝내기로 했다.

"감사합니다."

미케네 유적

Remains of Mycenae

미케네는 그리스 남동부 펠로폰네소스반도에 위치한 고대 도시로, 기원전 1600년에서 기원전 1100년 사이의 청동기 시대에 꽃을 피웠다. 호메로스의 『일리아스』와 『오디세이아』에 등장하는 주요 도시 중 하나다. 아테네 국제공항에서 미케네까지는 약 130km 정도이며, 차로 약 1시간 30분에서 2시간 정도 소요된다. 아테네와 미케네 사이에는 직행버스도 있다. 여행 시간은 약 2시간 30분 정도 소요된다. 주요 명소로는 미케네의 사자문과 고대 왕가의 무덤이 유명하며, '황금가면'은 미케네에서 발견된 유물 중 그리스에서 가장 유명하다.

3장

가혹함의 원천,
스파르타

스파르타로 들어가며

| 스파르타 |

버스는 해거름에 펠로폰네소스 깊숙이 들어가 트리폴리스에 멈췄다. 트리폴리스에서 스파르타행 버스를 갈아타야 했다. 터미널에는 목적지 없이 대합실을 어슬렁거리는 행려자 같아 보이는 이들이 하나둘 눈에 띄었다. 그 밖에 사람들이 있다면 상점을 지키는 점원이나 매표창구를 지키는 이가 전부다.

그중 한 청년이 눈에 띄었다. 여러 번 눈이 마주쳤다. 곱슬머리에 검은 눈동자…. 많은 버스가 지나갔지만, 그는 버스를 타지 않았다. 내가 움직이면 그도 움직였다. 뭔가의 타깃이 된 건 아닐까, 신경이 쓰였다.

버스가 제시간에 온다 해도 도착하면 저녁 8시가 된다. 어둠이 내리기 시작하자 숙소를 정하지 않았다는 사실이 걱정되었다. 길잡이 역할을 하던 핸드폰 배터리는 3% 남았다. 일사천리로 숙박지를 찾아내 결정하지 못한다면 두려움을 베개 삼고 검은 고양이처럼 눈을 뜬 채 밤을 지새워야 할지도 모른다. 얼마 남지 않은 배터리는 계속해서 신호를 보내고 있다. 그러는 동안에도 몇 대의 버스가 지나갔다. 스파르타행은 없었다.

한 대의 버스가 전조등을 밝히며 미끄러져 들어온다. 안내소에서 알려준 스파르타행 탑승장이 아니다. 버스가 터미널을 막 빠져나가려는 순간 소리가 들린다. 아까 그 청년이 빨리 타라고 손짓하며 막차라고 소리친다. 그는 차에 오르며 또 소리친다.

"스파르티, 스파르티!"

운전대를 잡고 있던 기사도 눈짓을 하며 고개를 끄덕인다. 그리스인이 말하는 '스파르티'를 처음 들었다. 단단한 근육질의 전사가 아니라 헬레네와 같은 사랑스러운 여인이 떠오르는 감미롭고 아주 섬세하고 우아한 발음이었다. 운전대를 잡고 달리던 버스 기사도 한마디한다.

"스파르티!"

버스가 어둠 속을 달리는 동안 호텔을 잡아야 했다. 핸드폰을 켜 보려고 했지만, 그만 눈을 감아 버린다. 한 사나이를 떠올렸다. 닭 벗 장식의 청동 투구를 쓰고 청동 검을 들고 호령하는 사나이, 스파르타의 상징인 레오니다스 동상이 위치한 거리만 찾아내면 될 일이다. 터미널을 기점으로 대충 파악해 놓은 지도를 머릿속에 그렸다.

버스가 터미널로 들어갔다. 어둠이 내렸고 상점들은 닫혔다. 인적도 느껴지지 않았다. 터미널은 어둑한 윤곽만 남았고 모든 것이 잠들어 있는 것 같았다. 청년이 손짓하는 방향으로 몸을 돌렸다. 내가 가졌던 선입견에 부끄러움이 밀려들었다. 그에게 묵례하고 돌아섰다.

몇 분 걸었을 뿐인데 다른 세계가 펼쳐진다. 불을 밝힌 상점과 줄지어선 카페는 사람들로 붐볐다. 선술집으로 들어가 맥주를 시키고 배터리를 충전하며 호텔을 수배했다. 그러는 동안 선술집에 앉아 있던 두 여인 중 한 여인이 맥주가 나오기 전 먼저 작은 술잔에 우조(그리스에서 대중적인 술)를 따라 주었다. 다른 한 여인이 호텔을 찾는 데 자처해 나서 준 덕분에 호텔을 잡을 수 있었다. 그들과 수다를 떨며 몇 잔의 맥주와 함께 몇 잔의 우조도 더 마셨다. 대가를 지불하지 않았으니 조건 없이 나그네를 환대하는 그리스인의 의식은 호메로스 시대부터 변화가 없는 것 같다. 가방을 둘러메는데 우조를 한잔 더 권한다. 그리스인다운 환대에 꾸밈없이 입이 벌어지고 말았다. 덕분에 조금 취했고 침묵마저 잠든 호텔로 들어가 죽은 듯이 잠이 들었다.

스파르타의
고고학 유적지

| 아크로폴리스, 헬레네의 정원 |

빵을 막 구워 냈는지 고소한 냄새가 스며든다. 식당으로 내려가자, 머리카락과 수염이 턱까지 덮인 중년의 여행자가 음식을 담고 있었다. 달그락달그락, 쪼르르. 커피를 따르는 소리가 마치 오디오에서 흘러나오는 소리처럼 감미롭게 홀을 울린다. 아침을 먹고 노곤한 몸을 달래느라 한낮이 되어 호텔을 나섰다. 무미건조한 빌딩 몇 개에 멋대가리 없이 지어진 도심은 촌티를 막 벗어난 분위기지만 카페는 가득 차 있었다. 조용한 모습이었다. 어떤 사람은 듣고 어떤 사람은 말을 한다. 가까이 얼굴을 맞대고 속삭이다가 입을 맞추는 연인도 보인다. 대부분 밝고 맑은 모습이며 행복감이 그들 주위를 감싼 듯 평화로운 모습이다.

고대 스파르타의 폐허가 있는 곳으로 걸었다. 스파르타 전사의 모습이 그려진 간판 하나가 눈에 들어왔다. 기념품 가게나 술집 간판에서 2,500여 년 전에 썼던, 고전에서나 보던 문자를 보자 나 자신이 그리스의 물과 흙을 가지러 온 점령군 같은 기분까지 들면서 묘한 희열이 느껴진다.

도심이 끝나는 막다른 삼거리에서 근육질에 다부진 모습으로 창과 방패를 들고 청동 무구를 걸친 사내가 서 있다. 300명의 병사를 이끌고 테르모필레 협곡에서 옥쇄한 스파르타의 왕, 레오니다스다. 그를 뒤로하고 오솔길을 향해 올랐다. 은빛 올리브 숲이 넓게 퍼진 한가운데 고대 스파르타의 흔적이 펼쳐졌다. 아테네와 패권을 다투던 도시였다고는 상상조차 할 수 없다. 장엄함이나 웅장함 같은 위대함을 느낄 소지 없이 상처투성이의 아득한 과거의 흔적뿐이다.

"아무것도 없어요, 아무것도! 남아 있는 것이 아무것도 없습니다."

스파르타 도심의 카페(A cafe in Sparta's city center)
스파르타의 고고학 박물관이 있는 중심 사거리부터 레오니다스 동상이 있는 곳까지는 카페와 레스토랑이 거리를 차지하고 있다.

니코스 카잔차키스는 생전에 이곳을 다녀갔다. 그는 노시인과 동행했다. 노시인이 스파르타의 폐허를 보며 푸념하자 카잔차키스는 이렇게 대답한다.

"헬레네가 남아 있지 않습니까?"

카잔차키스의 『모레아 기행』에 등장하는 장면이다. 그는 사람들이 화려하고, 아름답고, 유명한 곳들만 찾아다니는 것이 영 마음에 들지 않았다.

그리스 고전 강연을 듣던 중에도 "스파르타엔 볼 것이 하나 없어 여행

스파르타 고고학 유적지(Archaeological Site of the Acropolis of Sparta)
타이게토스를 배경으로 스파르타 평원이 펼쳐진 가운데, 고대 스파르타의 유적이 올리브나무 숲에 숨어 있다.

자도 없다"고 말하는 한 고전학자의 말이 떠올랐다. 이곳을 방문한 이라면 으레 '볼 것이 없다'는 말을 하는 것 같았다. 겉으로 보이는 유적은 소박하고, 화려한 조각으로 구성된 신전도 웅장한 건축물 하나 없다. 방문객에게 어떤 대가를 요구하지도 않고, 심지어 낮은 울타리 하나 만들어 놓지도 않았다. 아예 꾸밈이 없다. 그나마 석회암과 흰색 대리석으로 층층이 계단을 잘 다듬어 만든 반원형 극장이 있다. 그 밖에 아고라와 스토아와 함께 남겨 놓은 것이라고는 군데군데 몇 조각 남아 있는 대리석 기둥과 흙으로 버무려진 보잘것없는 축대가 전부여서 안내문이 없다면 누구도 알아보기 어려운 흔적이다. 그것들도 초기 로마 시대 세워졌거나 중세 비잔틴 시대의 것과 섞였다. 투키디데스는 볼 것 하나 없다는 스파르타의 미래를 예견하는 글을 남기기도 했다. 그는 이렇게 썼다.

'라케다이몬의 도시가 황폐해지고 신전과 건물의 기초만 남게 되다면 후세들은 그 명성에 비해 과거의 힘을 의심하게 될 것이며, 펠로폰네소스의 삼분의 이 이상의 동맹을 통제하며 이끌고 있음에도 불구하고 흩어져 살고 있는 라케다이몬의 인구와 소박한 건물을 보면 그 힘을 실제보다 덜 인상적으로 보이게 만들 수 있다.'[18]

신화에 의하면 스파르타는 라코니아의 왕이었던 에우로타스 딸의 이름에서 유래한다. 아들이 없었던 에우로타스 왕은 사위인 라케다이몬에게 왕국을 물려준다. 사위가 된 라케다이몬은 도시에 아내의 이름을 붙였다. 그녀의 이름이 '스파르타*Sparta*'이다. 이에 사람들은 스파르타와 라케다이몬이라는 말을 동의어처럼 썼다. 펠로폰네소스의 평원을 흐르는 에우로타스*Eurotas* 강변에 작은 마을들이 모여 꽃피운 도시다.

스파르타는 미케네 문명이 가장 번영하던 시절부터 알렉산드로스의 출현 전까지 그리스 세계에서 아테네 이상으로 이름을 떨쳤다. 페르시아의 대군에 맞서 싸우다 옥쇄한 레오니다스 왕과 영화 〈300〉의 전설적인 이야기는 모르는 사람이 없을 만큼 유명하다. 지루하고 지긋지긋하게 전개된 펠로폰네소스 전쟁을 27년 만에 종식시키고 아테네를 패망시키며 투키디데스의 함정에서 빠져나오는 저력을 과시하기도 했다. 하지만 영원한 강자는 없는 법. 그리스 세계의 패권을 잡은 스파르타 역시 기원전 371년에 테베와의 일전에서 패하고 스파르타 헤게모니의 종말을 맞게 된다.

이상은 볼 것 하나 없다는 스파르타의 개괄적인 신화와 역사다. 고대 그리스 세계의 기록자들, 헤로도토스와 투키디데스 같은 인물들이 남긴 기록이 존재하지 않았다면, 우리는 아크로폴리스의 폐허만 보고 투키디데스가 짐작했던 대로 과거 스파르타의 강력한 실제를 의심했을지도 모를 일이다. 험준한 타이게토스산과 부드럽게 펼쳐진 평원 사이에 자리 잡은 고대 스파르타의 폐허는 모순적이고 양면적이어서, 스파르타에 볼 것이 없다는 말은 그리스의 속살을 살피는 여행자에게는 식상한 수식에 불과하다.

숲은 따뜻한 마음이 깃든 성숙한 여인의 숨결처럼 부드럽고 풍요롭다. 머리 위에서 다람쥐 한 마리가 뛰어다니는 모습이 보였고, 보이진 않지만 작은 새소리가 풀숲에서 들렸다. 우거진 나뭇잎 사이로 햇빛이 쏟아져 내렸다. 온통 은빛으로 반짝이는 올리브나무다. 이따금 미풍이 불면 향기로운 풀 냄새가 풍긴다. 이토록 우아하고 매혹적인 풍경을 보며 스파르타 전사의 가혹함과 잔혹함을 떠올릴 사람은 없다. 올리브나무 그늘에 앉아 스치는 바람을 느끼며 호메로스의 웅장한 서사를 떠올리면, 무너진 돌담 주변에는 온통 이 세상과는 전혀 다른 이야기들이 속살거린다.

이곳엔 헬레네의 숨결이 남아 있다. 옛날 옛적에 이 숲은 지상에서 가장 아름답다는 여인, 헬레네의 정원이었을지 모를 일이다. 먼바다 건너 아시아에서 온 젊은 왕자는 스파르타 왕궁을 빠져나와, 이 숲에 이르러 한 여인을 기다리고 있었을지도 모른다. 젊은 사내는 이 올리브나무 숲에서 궁을 몰래 빠져나온 여인을 만나 격정적이면서도 감미로운 밤을 지새웠을 것이다. 그리고 날이 밝기도 전에 항구로 내달려 돛을 올리고 달아났을 것이다. 그들의 사랑은 돌아갈 길에 대해 생각하지 않았다. 끝을 생각하지 않으며, 죽음도 두렵지 않았다. 자신들의 치명적인 사랑의 끝이 비극이든 희극이든.

스파르타의 폐허를 멀리서 바라보는 것으로 아침나절을 보내고 오후 한나절은 노천의 카페에 앉아 우조를 마시며, 저녁은 스파르타의 젊은 후예들과 수다를 떨며 보냈다. 조금 흥미로운 기억은 스파르타의 전사 300명을 이끌고 페르시아 대군에 대항해 테르모필레에서 옥쇄한 레오니다스를 이야기하며 엄지손가락을 추켜세우자 할리우드가 만든 영웅이라며 우스꽝스럽게 응수하던 모습이다. 나는 고개를 끄덕였지만 더는 이야기가 전개되지 못했다. 그리스 역사에 대해 젊은 청춘과 깊은 이야기를 나눈다는 것은 한계가 있고, 오늘을 즐기는 현실적인 친구들에게는 레오니다스의 전설 같은 이야기가 흥미롭지 않다는 것을 알아챘기 때문이다. 약간의 취기를 안고 숙소로 가는 동안, 나 홀로 별 흥미롭지도 않은 이야기에 시간을 소비하는 것 같다는 생각에 우조 한 병과 포도주 한 병을 사 들었다. 우조와 포도주를 머리맡에 내려놓고 한 잔 두 잔 삼키자 텅 빈 숙소가 더 공허하다. 그래도 내 곁에는 나를 그리스 땅까지 인도한 친구, 카잔차키스가 있지 않은가. 어디를 가든지 그리스의 신성한 자취를 발견할 것이라고 말하는 것 같다.

'가혹함의 원천으로는 스파르타가 있다. 삶은 전쟁이며 싸움터이다.'

메넬라이온
(Menelaion)

| 메넬라오스의 성역 |

　일찌감치 숙소를 빠져나왔다. 스파르타의 평원을 가로지르는 에우로타스강 동쪽 기슭으로 방향을 틀었다. 스파르타 도심에서 약 5km 남짓 떨어진 에우로타스 강변에 메넬라오스의 성소가 있다. 투박하고 볼 것 없는 시내를 빠져나와 에우로타스강과 접해 있는 메마른 산 능선을 타고 적막한 햇살을 뚫으며 걸었다. 노랗고 하얗게 핀 작은 꽃들과 수풀을 헤치며 울퉁불퉁한 오솔길을 따라 조금 더 들어가 커다란 바위 모퉁이를 돌았다. 메넬라이온*Menelaion*에 이르자 스파르타의 전경이 완벽하게 펼쳐진다. 『영혼의 자서전』에서 본 카잔차키스의 표현 그대로다.

　'앞에는 절벽투성이인 딱딱하고 교만한 지배자 타이게토스가 버티고
　섰으며, 저 아래로는 열매가 풍성하고 유혹적인 평원이 사랑에 빠져
　발밑에 길게 누운 여자처럼 펼쳐져 있다.'

메넬라이온에서 바라본 타이게토스산(Mount Taygetos seen from Menelaion)
스파르타의 평원 너머로 멀리 보이는 산이 타이게토스다. 그리스 남부 펠로폰네소스 반도에 있는 산맥
으로 중심부에서 최남단까지 길이가 약 100km에 이른다. 가장 높은 정상은 2,405m에 이르며, 스파
르타 평원을 내려다보고 있다.

스파르타의 경이驚異, 그대로다. 바위투성이의 높은 산봉우리마다 하얗게 눈이 덮인 풍경은 엄숙하며 준엄하다. 평평하고 드넓게 펼쳐진 스파르타의 초원은 사이프러스 나무가 한가한 모습으로 드문드문 서 있으며, 다홍빛 지붕의 이층집들이 소나무와 편백과 올리브나무 사이에 하나둘 박혀 있는 모습은 한없이 평화롭다. 우아하고 매혹적이어서 투박하고 촌스러운 스파르타를 떠올릴 수 없다. 층층이 쌓인 피라미드 모양의 유적은 크고 작은 야생화로 뒤덮였다. 해가 기울지도 않았는데 무슨 까닭인지 황금빛 광선이 성역을 누렇게 물들였다. 신전이라 말할 것도 없는 흔적일 뿐이며, 스파르타의 바람과 빛과 그림자만이 서성인다. 이곳에서 신성한 기록을 발견하고자 한다면 약간의 상상력이 필요하다.

스파르타 왕, 메넬라오스의 성역으로 알려진 메넬라이온은 미케네 시대의 건축물로 기원전 7세기에 완성되었으리라 추측하고 있다. 메넬라오스와 헬레네의 매장지라는 추측도 있다. 메넬라오스는 앞서 '미케네의 소멸과 암흑기'에서도 출연했듯이 아트레우스의 아들로, 미케네 왕 아가멤논의 동생이며, 헬레네의 남편이다. 그렇다면 이곳이 트로이 전쟁의 비극을 간직한 곳일지도 모른다.

헬레네, 그녀는 스파르타의 왕 틴다레오스의 딸이다. 그녀가 혼기에 이르자 그리스 전역에서 구혼자들이 구름처럼 몰려들었다. 틴다레오스 왕은 선뜻 사위를 선택할 수가 없었다. 구혼자 모두가 그리스 세계에서 모두 한가락 하는 인물들이었기 때문이다. 이타카의 왕 오디세우스가 그랬고 살라미스의 왕인 아이아스도 그랬다. 메넬라오스의 형이자 미케네의 왕인 아가멤논도 그들 중 한 명이었다.

전 그리스 도시의 통치자들이 앞다퉈 헬레네에게 구혼하자 틴다레오스는 사위를 선택하는 데 어려움을 겪었다. 그러자 오디세우스가 나섰다. 그는 누가 사위가 되든, 훗날 헬레네에게 무슨 일이 생기면 구혼자 모두가 명예를 걸고 그녀의 남편이 된 자를 위해 싸우겠다는 맹세를 시키라 했다. 틴다레오스는 오디세우스의 말을 들었다. 어쩌다 선택하게 됐는지는 알 수 없지만, 틴다레오스는 메넬라오스를 사위로 선택했다.

파리스의 심판

훗날 테티스와 펠레우스가 결혼하는 날이었다. 결혼식은 성대했다. 잔치가 열린 올림포스에는 불화의 신 에리스를 제외한 모든 신이 모였다. 신부는 물결처럼 흐르는 비단과 하얗게 빛나는 진주가 박힌 흰 드레스를 입고 있었다. 괴물의 가죽으로 몸을 덮은 신랑은 그녀 곁에서 늠름한 자태로 서 있었다. 신전은 축하의 소리로 떠들썩했으며 신들은 술잔을 기울이며 결혼을 축하했다. 아폴론의 리라에서 흘러나온 음악이 공중을 채우고 축하연이 절정에 이르는 순간, 신전의 하얀 대리석 바닥으로 어두운 그림자가 길게 드리워졌다. 불청객 에리스였다. 그는 거칠고 난폭하였으며 날카로운 칼날을 물고 있는 모습이었다. 에리스가 미소 지었다. 음악이 멈추고 지독한 침묵이 흘렀다. 모든 시선이 에리스를 향했다. 그러자 그는 사과 하나를 연회장 한가운데로 던졌다. 사과가 대리석 바닥에 부딪혀 크게 울리면서 침묵이 깨졌다. 사과는 빛이 났고 눈부시게 아름다웠다. 황금 사과였다. 이렇게 새겨져 있었다.

'가장 아름다운 여신에게'

헤라, 아테나, 아프로디테 세 여신이 앞다퉈 나섰다. 그러자 또다시 침묵이 흘렀다. 모두의 눈은 날카롭게 반짝였다. 시기, 질투, 협박과 같은 매정한 눈동자…. 그들은 다툼을 시작했다. 속삭임은 더 커졌고, 목소리는 자신감으로 넘쳤다. 서로가 자신의 아름다움을 확신했다. 누구 하나 양보할 기미가 없었다.

"그만들 하시오!"

제우스는 침묵을 지키라며 손을 높이 치켜들고 굵고 낮은 목소리로 외쳤다. 신전이 메아리쳤다. 이번엔 모든 시선이 제우스에게로 쏠렸다. 그는 에리스를 바라보며 속엣말을 했다.

'불화의 신답게 끝내 불화의 씨앗을 던지는군.'

제우스는 사과의 주인을 자신이 가릴 수 없다는 것을 알고 있었다. 분쟁을 일으킬 가능성이 있었다. 제우스는 하객들 사이에 서 있던 트로이 왕 프리아모스에게 다가갔다.

"트로이의 왕, 프리아모스여! 그대에게 아들이 하나 있는 것으로 알고 있소."

"네, 제우스 님. 그렇습니다. 그 아이 이름이 파리스입니다."

프리아모스가 고개를 조아리고 말했다.

"나는 이번 판결을 그대의 아들에게 넘기겠소."

제우스는 그렇게 말하고 하객을 모아 놓고 고했다.

"황금 사과는 파리스가 가장 아름답다고 판결하는 여신에게 갈 것이니 모두 그의 판결을 기다리시오! 그대 헤르메스는 가서 나의 이러한 뜻을 파리스에게 고하시오."

놀랍다는 반응과 수군거림이 오고 갔다. 테티스와 펠레우스의 결혼식은 불화의 신 에리스가 던진 사과 하나 때문에 엉망이 되었고 헤라, 아테나, 아프로디테 세 여신은 여전히 경쟁심에 가득 차 제우스의 결정을 받아들이겠다며 의기양양하게 고개를 끄덕였다.

    젊은 양치기가 올리브나무 그늘에서 자갈을 툭툭 차며 한가로이 쉬고 있다. 제우스의 명을 받은 전령의 신 헤르메스가 나무 뒤에서 나타나 조용한 목소리로 말했다.

"젊고 아름다운 파리스! 고독을 즐기고 있군."

고개를 번쩍 들고 파리스가 말했다.

"무슨 일로 오셨습니까, 헤르메스?"

헤르메스가 말했다.

"사과 때문이라네."

"사과라고요?"

"보통 사과가 아니네. 테티스와 펠레우스의 결혼식에서 에리스가 던진 사과인데 자네의 도움이 필요하네."

"에리스? 불화의 여신? 제가 뭘 할 수 있을까요?"

헤르메스는 제우스의 뜻을 전했다. 그러자 파리스는 웃으며 말했다.

"그건 위험한 게임입니다. 하지만 제가 그들의 아름다움을 꼭 판단해야 한다면, 그들을 있는 그대로 봐야 합니다."

"신들의 옷이라도 벗겨야 한다는 말인가?"

"네, 벌거벗고. 판단을 제대로 하기 위해서는 어떤 옷이나 장식품도 걸쳐서는 안 됩니다."

헤르메스는 고개를 끄덕였다.

"그대의 요청이 다소 비정상적일지도 모르지만, 여신들에게 전달하겠네. 하지만 기억하게. 아름다움을 판단하는 것이지, 음흉한 생각을 하라는 것은 아니네."

〈파리스의 심판(Judgement of Paris)〉, 피터 폴 루벤스, 유화, 마드리드 프라도 미술관
아테나, 헤라, 아프로디테가 파리스의 요구대로 나체의 몸으로 심사를 받고 있다.

"명심하겠습니다."

파리스는 자신의 판결로 어떤 일이 펼쳐질지 몰랐으며, 그것에 트로이 전체의 운명이 달려 있다는 것도 몰랐다. 신성한 게임은 그렇게 시작되었다. 파리스는 양들에게 다가가며 킥킥 웃었다.

험준한 이다산의 평평한 언덕에서 파리스가 황금 사과를 들고 서 있다. 헤라, 아테나, 아프로디테가 물결처럼 바람처럼 파리스에게 다가왔다. 헤라가 앞장서 파리스에게 다가갔다. 그녀는 권위적인 목소리로 말한다.

"파리스 당신은 야망이 있어 보이는군요. 당신의 눈을 보고 알게 되었어요. 사과를 내게 주면 그대는 아시아의 군주가 될 것이요. 인간을 지배할 힘을 주겠어, 양치기 소년이여!"

"아주 멋진 제안입니다, 헤라 여신님. 하지만 결정하기 전에 아테나의 말도 들어 봐야겠어요."

그러자 아테나가 번뜩이는 휘장에 방패와 창을 들고 눈부신 광채를 띄며 나섰다.

"파리스, 당신 안에 전사가 보여요. 나를 선택한다면 당신이 이끄는 전투에서 승리는 언제나 그대 것이 될 것이오. 영광과 명예가 당신의 삶에 끝까지 따를 것이요."

"가치가 있는 제안입니다, 아테나 여신이여! 그전에 아프로디테의 말을 들어 보고 결정하겠나이다."

아프로디테가 구름 같은 물보라 속에서 아름답게 빛을 내고 있었다. 그녀는 파리스 앞으로 다가가 속삭였다.

"파리스여, 나는 그대에게 세상에서 가장 아름다운 여자의 사랑을 받게 할 수 있답니다. 만일 그대가 나를 선택하면 지상에서 가장 아름다운 여인을 그대의 사람으로 만들어 주겠소."

"스파르타의 여왕, 헬레네를 말씀하시나요?"

파리스가 깜짝 놀라며 말했다.

"그녀는 이미 메넬라오스와 결혼했잖아요!"

사랑의 여신, 아프로디테가 웃었다.

"아름다운 파리스, 결혼은 계약에 불과한 거라오. 사랑은 그것을 뛰어넘을 수 있다오. 무지막지한 메넬라오스보다는 아름다운 그대가 더 잘 어울린다오. 그녀도 그대에게 빠져들고 말 거요."

파리스의 얼굴에 고민과 갈등이 구름처럼 드리워졌다가 서서히 걷혀 나갔다. 그의 눈에 어떤 결의가 보이기 시작했고 그는 즉시 황금 사과를 아프로디테에게 건네며 의미심장하게 말했다.

"여신이여! 비록 위험한 게임이라는 것을 알지만 그대 말대로 사랑이란 저항할 수 없는 세계임에 분명한 것 같습니다. 당신의 제안과 동시에 나는 사랑에 빠져 버렸습니다. 나는 당신을 가장 아름다운 여신으로 선택하겠습니다. 사랑의 여신, 아프로디테여!"

아프로디테는 승리의 미소를 지으며 사과를 받아 들었다. 여신들은 파리스에게 닥칠 비극을 알리지 않았다. 그들은 그를 버려 두고 사라졌다. 파리스가 신들이 사라진 하늘을 올려다보는 동안, 하얗던 구름이 무거워지면서 그의 얼굴에 그림자를 드리웠다. 파리스는 생각했다.

'내게 어떤 운명이 펼쳐질까?'

사랑! 사랑! 인간이 가진 가장 아름다운 정신, 그럼에도 불구하고 희극보다는 비극이 어울리는 사랑, 절제를 필요로 하는 육체적 욕망을 예외로 하면, 사랑에 대한 지속적인 갈망은 냉철하게 균형 잡힌 아폴론의 의술로도 치료할 수 없는 이성 밖의 영역임이 분명하다. 헬레네를 품에 안고 트로이를 파멸로 이끈 파리스도 제정신이 아니었으니, 그에게도 사랑이 전부였던 것 같다.

파리스는 스파르타로 건너가 메넬라오스 왕의 환대에도 불구하고 헬레네를 납치해 트로이 전쟁의 불씨를 지핀다. 젊은 사내의 욕망이 지상 최고의 미녀를 품에 안겠다는 허영심이었는지, 순수한 사랑에 대한 그리움이었는지 나는 모른다. 그녀는 유부녀이며 남편은 헬라스 세계에서도 자신의 형 다음으로 무시무시한 스파르타 왕국의 통치자였고 관대하기로 소문난 처용도 아니었으니 가만히 있을 리 없다. 왕은 복수를 맹세하고 젊은이는 사랑을 맹세한다. 그들의 사랑과 전쟁 이야기는 헬레네의 자손을 넘어 서양 문명과 문화의 원천이나 다름이 없으니 달리 더 길게 표현할 것도 없다. 그녀에게 무슨 일이 생긴다면 명예를 걸고 싸워 줄 것을 약조했던 구혼자들 모두는 메넬라오스와 미케네의 아가멤논 형제와 함께 트로이 전쟁의 소용돌이 속으로 빠져든다. 대 서사의 시작이며 비극의 시작이다.

스파르타 왕, 메넬라오스와의 만찬

트로이 원정이 시작되고 10년 세월이 지나 트로이 전쟁도 끝났다. 나는 스파르타의 왕, 메넬라오스를 직접 만나 보기로 했다. 궁전은 올리브 나무 언덕 아래 스파르타의 평야가 시작되는 곳에 있었다. 왕이 머무는 곳이라고는 말하기 어려울 만큼 소박했다. 흙을 으깨 만든 축대가 담장이며 군데군데 커다란 바윗덩어리가 기단이나 마찬가지였다. 입구에 이르자 시종들이 금발의 메넬라오스에게 손님이 찾아왔노라고 고했다. 그는 잔칫상에 앉히고 크게 기뻐하며 반겼다. 온갖 종류의 고기가 담긴 접시를 들어 앞에 놓았고, 옆에는 금잔도 놓았다. 금발인 메넬라오스가 인사하며 이렇게 말했다.

"맛있게 드시오. 저녁 식사를 한 후에 우리는 당신이 누구인지 물어보겠습니다."[19]

영광스러운 메넬라오스는 이웃 친지들과 함께 지붕이 높다란 집에서 잔치를 벌이고 있었다. 트로이에서 아킬레우스의 아들에게 자기 딸을 내주기로 한 약속이 이루어진 것이다. 두 사람의 결혼 축하연이었다. 나는 고개를 숙여 고맙다는 마음을 전하며 물었다.

"소리가 잘 울리는 홀에 가득 찬 청동과 황금과 호박과 은과 상아의 번쩍거림을 보시오. 아마도 올림포스 제우스의 궁전 내부가 이렇겠지요?"

그러자 메넬라오스가 말했다.

"진실로 어떤 인간도 제우스와는 겨룰 수 없는 것이오."

술잔이 오갔다. 메넬라오스는 먼저 자기 아내를 꼬드겨 납치해 간 파리스에 대한 분노 때문에 트로이를 멸망시키고, 그리스의 모든 도시까지 어렵게 만든 장본인으로서 죄의식에 시달리고 있다고 말했다. 또 트로이 전쟁이 끝나고 이집트의 나일강을 거슬러 올라 멤피스까지 이르러 파리스가 훔쳐 간 재물들을 돌려받아 많은 것을 배에 싣고 갖은 고생을 하며 떠돌아다니다가 8년 만에 돌아왔다고 했다. 그는 고향에 돌아가고 싶은 열망에도 이집트에 붙들려 있었던 건 신들의 뜻이었다고 말하고는 이어서 비탄에 잠겨 아가멤논의 비극적인 사건을 들려주었다.

> "내가 그 땅에서 생계를 꾸리며 방황하는 동안 다른 사람이 저주받은 아내의 간교함을 이용해 은밀하고 모르는 사이에 내 형제를 죽였소이다."[20]

쉬지 않고 듣고 싶지만, 미케네를 이미 돌아보았던 터라 이만 멈추는 것이 좋겠다. 무엇보다 나의 관심사는 무지막지한 메넬라오스가 아니었으니 말이다. 상상의 나래를 끝내고 메넬라이온에서 스파르타의 풍경을 바라보았다. 긴 세월의 모진 풍파를 견뎌 냈으나 그 저항의 흔적은 결코 아름답고 경이로운 모습이 아닌, 돌무더기에 마른 흙이 덮인 모습이 전부다. 누구도 이곳이 신전이었음을 인식하기란 쉽지 않다. 이곳에서 발견된 유물이라 해도 그리스답지 않은 나뭇조각이 전부이며 그것들은 여신을 숭배한 장소라고 말해 줄 뿐이다.

카잔차키스는 "멋진 조각상이나 매혹적인 장식을 찾아보려고 스파르타를 찾는다면 실패할 것"이라 말한다. 그의 말을 반복해 증명하는 기분이 들지만, 나는 돌무더기들 속에서 헬레네의 부드러운 살결을 어루만지고 싶은 충동을 느꼈고, 어느 순간에는 파리스에게 다가가면 안 된다 말하기도 했다. 비극적인 모습을 보는 순간에는 마음이 아파서 그녀를 똑똑히 볼 수 없었다. 사랑스러운 여인의 모습으로 다가와 기쁨으로 가득했지만 만질 수도, 만날 수도 없는 여인. 쓰라린 상처가 벗겨진 모습으로 보잘것없는 돌무더기 앞에서 느끼는 상상에 불과하지만 이처럼 아름다움은 대개 숨겨져 있기 마련이다. 숨결이 느껴진다.

스파르타와 메세니아

| 소오스의 메세니아 원정 |

"아버지, 적을 능가할 수 있는 가장 좋은 방법이 무엇일까요?"
"제우스에게 맹세코 아들아, 그건 쉽거나 간단한 문제가 아니다. 그
러나 네게 말하노니, 그런 일을 하려는 사람은 틀림없이 흉계를 꾸
미고 교활하며, 도둑이고 강도이며, 모든 면에서 적을 속이는 자이니
라."[21]

이 이야기는 소크라테스의 제자였던 크세노폰이 기원전 6세기에
페르시아 제국을 세운 키루스 대왕의 일생을 기록한 『키루스의 교육
Cyropaedia』에 나오는 한 장면이다. 가장 정의롭고, 법을 잘 지키는 사람이
되라던 가르침에 배치되는 내용에 키루스는 당황하지만 야생 곰을 그물
과 함정으로, 사슴을 덫과 올가미로 유인하는 법을 아는 것도 지도자의
덕목 중 하나라고 가르친다. 지도자에게 정직만이 정의가 아니라고 말

하고 있다.

기원전 1200년쯤 미케네 문명이 사라지고 기원전 800년쯤 그리스는 신들의 세계에서 인간의 세계로 넘어온다. 스파르타 역사의 중심에는 인간이라기보다는 신으로 불리는 입법자 리쿠르고스가 있었다. 그의 선조 중에는 잘 알려지지 않은 탁월한 지도자가 있는데, 바로 소오스 왕이다.

스파르타는 비옥한 땅을 갖고 있었지만, 인구가 늘어나면서 많은 식량과 더 넓은 영토가 필요하게 되었다. 그들은 비옥한 땅을 가지고 있는 메세니아*Messenia*로 눈을 돌렸다. 메세니아는 펠로폰네소스반도의 서쪽 끝으로 스파르타와 타이게토스 산맥에 의해 경계를 이루고 있었다.

메세니아의 대다수를 이루는 계급층인 헤일로테스*Heilotes*는 자녀를 가질 수는 있었지만, 이는 스파르타 시민을 먹여 살리기 위한 생산도구를 출산하는 것에 불과했다. 스파르타의 소오스 왕은 군대를 이끌고 메세니아로 원정을 떠나는데 이때 벌어진 일화가 흥미롭다.

스파르타의 왕, 소오스가 타이게토스산을 넘어 메세니아 원정에 돌입했다. 이때 소오스 왕이 이끄는 군대가 메세니아의 군대에 포위되어 위기에 처하게 되었다. 갈증에 시달리고 싸울 힘 하나 없이 널브러진 소오스의 병사들은 전의를 상실한 상태였다. 궁지에 몰려 더는 살아날 길이 없었다. 소오스는 메세니아인들을 향해 걸어 나갔다.

"헤일로테스여! 나의 부하들에게 샘의 물을 마시게 해 준다면 이 땅에 욕심을 내지 않고 발길을 돌리겠소. 그뿐만 아니라 우리가 정복한 아르카디아 지방도 돌려주겠소."

그러자 헤일로테스가 말했다.

"그렇다면 병사들의 갈증을 없애 주면 온 길을 돌아가겠다고 약속하시오."

소오스는 그 제안대로 약조한 뒤 진영으로 돌아가 부하 병사들에게 이렇게 말한다.

"누구든 샘에서 물을 마시지 않는 자에게 내가 가진 왕국을 나눠 주겠네."

하지만 그의 명령에도 아랑곳하지 않고 병사들은 모두 물을 마셔 버렸다. 소오스는 병사들이 갈증을 달래고 사기가 오른 것을 느꼈다. 마지막으로 샘에 내려간 소오스는 적이 보는 앞에서 몸에 물을 뿌리기만 하고는 샘을 떠난다. 그 길로 헤일로테스에게 돌아가 병사 모두가 자신처럼 물을 마시지 않은 듯이 말한다.

"부하들이 물을 마시지 않고 얼굴에 끼얹기만 했소."

소오스는 황당한 핑계를 둘러대며 땅을 돌려주지 않았고, 잔꾀로 어려운 상황에서 벗어났다. 구체적인 기록을 더 늘어놓지 않아도 이어서 벌어질 상황을 상상하기 어렵지 않다. 스파르타의 메세니아 원정은 성공적이었다.

소오스는 지도자의 덕목 중에 가장 중요한 따르는 사람을 책임지는 모습을 보여 주었고, 자신들보다 스무 배나 많은 메세니아인들을 노예로 만들었다. 비옥한 농토는 스파르타의 자유인을 먹여 살릴 농지가 되었다.

반면 메세니아의 헤일로테스는 적의 사악하고 교활한 의도를 읽지 못했다. 그뿐만 아니라 자신들을 노예로 삼고자 원정을 왔다가 백척간두의 위기에 놓인 적의 처지를 간파하지 못하고 아량을 베푼 천진함 때문에 자신들은 물론 후손에게까지 혹독한 노예 신분을 물려주게 되었다. 그렇게 소오스는 스파르타에서 추앙받는 인물이 되었다.

　메세니아는 두 차례에 걸쳐 스파르타에 크게 반란을 일으켰지만, 재차 스파르타에 완전히 정복되었다. 기원전 776년 고대 올림픽이 처음 열린 뒤 기원전 736년 제11회 올림픽이 열리는 동안 메세니아는 올림픽 스타디온 경주 우승자 명단에 무려 일곱 차례나 이름을 올렸지만, 더는 우승자를 내지 못했다. 그렇게 스파르타와 함께 펠로폰네소스반도를 구성하고 있던 메세니아의 헤일로테스는 동족인 라케다이몬인에 의해 불행한 신세를 면치 못하고 역사 속으로 사라졌다.

『리쿠르고스전』

| 스파르타의 입법자 |

국가의 기원은 대개 신화로 시작된다. 영웅적인 인간이 신적으로 등장하면서 국가의 기원은 신성하게 꾸며진다. 스파르타에서도 그런 인물이 등장하는데, 스파르타의 입법자 리쿠르고스다. 소오스가 메세니아를 정복하고 노예로 만들었다면 그들에게 복종을 가르친 인물은 스파르타의 전설적인 지배자, 리쿠르고스다.

메세니아를 정복한 소오스 왕이 죽고 아들인 에우리폰이 왕권을 이어받아 스파르타를 통치했다. 하지만 에우리폰은 대중을 휘어잡지 못했다. 스파르타는 민중에게 휘둘리며 무질서와 혼란이 오랫동안 지속되었다. 이때 리쿠르고스의 형이 왕위에 올랐지만 그도 오래되지 않아 죽었다. 뒤이어 리쿠르고스가 왕위에 올랐다. 그런데 리쿠르고스는 형수가 임신 중이라는 사실을 뒤늦게 알게 되었다. 그는 조카가 태어나면 스파르타 왕국은 그 아이의 것이라 선언하고 섭정으로 스파르타를 통치했다.

리쿠르고스는 조카가 태어나자 그를 왕위에 올리고 세계 곳곳을 여행했다. 멀리 인디아에 가서는 나체 수도자들과 어울렸다. 또, 크레타에서는 질서 정연한 음악과 율동을 통해 백성들을 조화롭게 화합시킬 수 있는 방식을 공부했고 소아시아에서는 이오니아의 사치스러움과 크레타의 검소함을 비교했다. 호메로스의 시구를 수집해 정치·교육적 요소를 연구하고 이집트로부터는 군사 체계를 관찰했다. 델포이에서는 신탁까지 받는데, 예언자 퓌티에는 리쿠르고스를 신이라 불러야 할지 인간이라 불러야 할지 모르겠다고 말한다. 신탁은 그를 "신에게 사랑받는 이", "인간이라기보다 신"이라고 말한다. 그리고 아폴론은 법을 구하는 그의 기도를 들어주어 세상에서 가장 훌륭한 정체를 약속한다.

리쿠르고스는 자신이 없는 동안 망가진 스파르타를 완전히 개조시켰다. 먼저 원로원 제도를 도입했다. 백성은 법안을 발의할 수 없고, 원로원과 왕들의 법안을 받아들이거나 거부할 권한만 있었다. 왕은 두 명으로 서로 견제하면서 권력 독점을 막았다. 원로회의 밑에는 30세를 넘긴 이들로 구성된 민회를 두었다. 의결기관이 아니라 원로회에 찬동하거나 의견을 부추기는 역할 수준이었다. 과두제의 요소가 여전하자 시민 중에서 선출한 5인의 '감독관'인 에포로스*Ephoros*를 두었는데, 당시 최고 의결기관을 맡고 있는 민회와 이들이 대립하면 뒤로 물러나야 하는 것은 젊고 멀쩡한 왕들이었다. 그들은 왕의 권한에 대한 견제를 넘어 자신들의 의지에 따라 사법권을 주무르며 두 명의 왕을 무력에 빠트릴 정도였다.
한편 리쿠르고스는 공동으로 출자한 토지를 재분배하는 토지개혁으로 불평등과 불공평을 없앴다. 화폐는 쇠로 만들어 아예 가치가 없도록 만들었다. 하찮은 쇠붙이로는 보잘것없는 물건조차 살 수 없었으니, 웃음거리 이상도 이하도 아니었다. 결과적으로 재물에 대한 욕망은 사라졌으며 사치는 발을 들일 것이 못 되었다.

신탁이 시키는 대로 법안을 만든 리쿠르고스의 법은 간단명료했다. 누군가 리쿠르고스의 조카에게 "왜 당신 숙부는 소수의 법령밖에 만들지 않았느냐?"라고 물었다고 한다. 그러자 이렇게 대답한다.

"많은 말이 필요하지 않은 사람들에게는 법령도 많을 필요가 없지요."

공동 식사, 아고게, 크립테이아···. 리쿠르고스는 스파르타 사회를 안정적으로 유지하기 위한 가장 핵심적인 가치를 만들어 냈다. 선한지 악한지를 떠나 그가 제정한 법률에 따라 스파르타 사회는 유지되었다. 개인적으로 영혼의 자유로움을 추구하며 얽매임 없는 삶을 추구하는 나 같은 여행자에게는 상상도 못 할 체계이며 소름 끼치게 끔찍한 정체政體다. 그런데도 스파르타의 정체는 고대 그리스 세계에서 가장 오랫동안 일등 국가의 위상을 보여 주었다.

플라톤은 스파르타의 정체를 '이상 국가'의 원형으로 삼았을뿐더러 스파르타의 정체와 유사한 정치 체제는 지금까지 세계 정세에 큰 영향을 미치고 있다. 플루타르코스는 열네 명의 왕이 뒤를 잇는 500년 동안 아무도 손을 대지 않은 리쿠르고스의 법이 스파르타에 미친 영향을 이렇게 설명하고 있다.

> "스파르타에서 리쿠르고스의 법이 여전히 유효한 동안에는 스파르타는 헌법에 제약된 정체된 도시가 아니라 훈련을 받고 지혜가 넘치는 현인의 삶을 영위했다."[22]

현인, 리쿠르고스

"그대가 나와 결혼해 준다면 그대의 왕권을 위해 배 속의 아이를 지우겠소."

리쿠르고스가 아직 태어나지 않은 조카를 왕위에 앉히고 섭정으로 스파르타를 통치할 때였다. 형수는 리쿠르고스에게 은밀한 제안을 했다. 이 은밀한 유혹은 비난받을 만한 제안이었다. 하지만 리쿠르고스는 말없이 고개를 끄덕이며 형수에게 말한다.

"굳이 몸을 상하게 하며 태아를 지울 필요가 없습니다. 아이가 태어나면 제가 알아서 없애 버리겠습니다."

리쿠르고스는 그렇게 전하고도 불길한 예감이 들어 시종들을 불러 말한다.

"왕비가 출산하면 그녀 곁에서 해산을 지켜보되, 여자아이가 태어나면 여인들에게 맡기고 사내아이가 태어나면 즉시 나에게 데려오시오."

마침내 아이가 태어났는데, 사내아이였다. 시종들은 아이를 안고 리쿠르고스를 찾아왔다. 그는 아이를 치켜들고 함께 자리하고 있던 원로회 일원들을 향해 이렇게 말한다.

"스파르타인들이여, 그대들의 왕이 태어났소이다."

그리고는 조카를 옥좌에 앉히고 이렇게 불렀다.

"카릴라오스!"

이를 지켜본 사람들은 모두 기뻐하며 리쿠르고스의 고결한 성품에 감격했고, 권력에 복종하는 것이 아니라 그의 덕을 흠모해 그가 말하는 것들을 기꺼이 수행했다. 카릴라오스*Charilaos*는 '백성들의 기쁨'이라는 의미다.

〈스파르타의 리쿠르고스(Lycurgus of Sparta)〉,
Jacques-Louis David, 유화, 1791, 프랑스 블루아 미술관
리쿠르고스는 기원전 8세기 스파르타의 전설적인 입법자다. 형수에게서 태어난 조카
를 원로들에게 보여 주며 승인을 얻는 장면이다.

동조 세력이 있으면 반대 세력도 있기 마련. 은밀한 제안을 했던 형수
는 모욕을 참지 못했고, 리쿠르고스에 대한 음모와 비방을 퍼뜨렸다. 리
쿠르고스의 개혁은 부자들의 반감도 샀으니, 결국 쫓기는 신세가 된 리
쿠르고스는 스파르타를 떠나 외유하기로 한 것이었다.

그렇게 외유 중이던 리쿠르고스에게 반감이 있던 한 젊은이가 다가와
지팡이로 그의 한쪽 눈의 눈알을 빼 버렸다. 리쿠르고스는 눈알이 빠진
피투성이의 눈을 군중에게 보여 주었다. 이에 군중은 부끄럽고 미안해
하며 상해를 입힌 젊은이를 체포해 그에게 넘겨주었다. 그런데 리쿠르
고스는 이 젊은이를 벌하지 않고 자신을 시중들게 했다.

리쿠르고스를 곁에서 지켜보게 된 젊은이는 금욕적이고 온유한 생활

을 직접 경험하면서 그를 흠모하게 되었고 그의 근면성에 탄복하며 추종자가 된다. 젊은이는 다른 사람을 만나면 리쿠르고스의 성품을 입이 닳게 칭찬하고 다녔으며 누구보다 훌륭한 사람이라고 소문을 내고 다녔다.

좀 더 흥미로운 이야기는 시력을 잃은 불상사를 기념해서인지 그로 인해 한쪽 눈이 더 밝아진 것에 대한 감사 때문인지 모르지만, 리쿠르고스는 아테나 옵틸리티스에게 바치는 신전을 직접 지었다고 한다. 도리아스족이 '눈'을 '옵틸로스'라고 부르는 데서 유래한 것이다. 어쨌든 그런 사고가 있고 나서 스파르타인들은 회의장에 지팡이를 가져가는 관습을 버렸다고 한다.

신격화된 리쿠르고스는 스파르타의 강력한 입법자뿐 아니라 현인으로서 대중의 마음을 사로잡았다. 윤리적이고 도덕적인 면을 찬양하려는 의도가 담긴 두 사례는 흥미롭다.

공동 식사와 아고게

스파르타는 메세니아를 평정한 뒤 통치하고 지배하는 데에 집중해야 했다. 가장 효율적인 방법은 메세니아의 노예를 통제할 전사를 양성하는 것이며, 강한 전사를 길러 내기 위해 사회 전체를 병영으로 개조하는 것이 최선이라고 판단했다. 이에 리쿠르고스는 인간이 경험할 수 있는 모든 것 중에 가장 잔인하고 비정상적인 것들로 준엄한 계명을 내린다.

"삶은 전쟁이고 싸움터다."

델포이에서 리쿠르고스에게 내린 신탁은 절대적인 율법과 같았다. 리쿠르고스가 제정한 법률의 범위에는 먹고 마시는 것도 예외가 아니었다. 공동 식사 체계를 입법화했다. 열다섯이 한 조가 되어 같은 시간, 같은 장소에서 먹었다. 음식은 검소했다. 나태함이나 게으름으로 개인의 몸을 망치는 일이 없도록 개인의 욕구를 통제하고 부에 대한 열망을 근절하는 게 목적이었다. 공동 식사는 개인의 욕망을 채우지 못하고 국가의 통제하에 살아야만 했던 스파르타의 삶을 단편적으로 상징했다.

기원전 479년 플라타이아이 전투에서 페르시아를 제압하고 전쟁의 막을 내린 파우사니아스가 그리스 장수들을 불러 모아 놓고, 페르시아인들이 차려 놓은 음식과 자신들이 먹는 음식을 비교하는 장면은 검소한 식단이 스파르타의 왕가까지도 예외가 아니었음을 보여 준다.

공동 식사에 오르는 음식 중에는 선지로 만든 검은 돼지고기 수프가 있었다. 그런데 얼마나 맛이 없었는지 스파르타의 젊은이들이 전쟁에 나가기만 하면 왜 그렇게 죽을 각오로 싸우는지 알겠다는 우스갯소리가 함께 전해진다. 스파르타를 방문한 이가 이 수프를 먹고 역겨워 뱉어 버리자 요리사는 "이 국을 맛있게 먹으려면 스파르타식으로 운동한 뒤, 스파르타의 평원을 흐르는 에우로타스강에서 목욕해야만 한다"고 말했다고 하니, 스파르타인이 되지 않고는 도저히 먹기 힘든 역한 음식임이 틀림없는 것 같다.

스파르타를 여행한 사람마다 검은 돼지고기 수프에 대해 갖가지 흥미로운 설명을 가져다 붙였는데 가장 황당한 이야기 한 편을 들면 검은 돼지고기 수프를 커피라고 소개한 일화까지 있다고 한다. 한편 펠로폰네소스 남부 여행기,『그리스의 끝 마니』를 쓴 여행작가 패트릭 리 퍼머가 소개한 이야기에서는 플루타르코스가 검은 돼지고기 수프를 요리 중에 가장 높이 평가했다고 한다. 그리고 연장자들은 젊은 사내들에게 고기를 넘기고 자신들은 육수를 끼얹어 식사했다고 전해진다.

진수성찬이라는 이 검은 돼지고기 수프도 젊은이들의 허기를 채우기엔 부족했다. 굶주림을 참지 못하고 한 소년이 여우를 훔쳐 잡아먹으려다가 참변을 당한 이야기는 끔찍하다. 한편 이 이야기는 스파르타 교육을 상징하기도 한다. 스파르타의 사내들은 일곱 살이 되면 엄마 품을 떠나 아고게*Agoge*의 일원이 되어 전사로 키워졌다. 5인의 정치 위원회인 에포로스가 임명한 시험관 파이도노모스*Paidonomos*가 맡아 교육했다.

아고게에서는 핵심적으로 체력 훈련과 군사 기술을 교육했고, 읽고 쓰는 것과 음악, 춤, 노래도 기본 교육으로 두었다. 그중에서도 가장 강조된 것은 규율과 복종이었다. 소년들은 명령에 복종하고 충성심을 배우며 고통과 고난을 불평 없이 견뎌 내야 했다. 당연히 선후배 관계는 뚜렷하게 정해졌으며, 규율은 엄격했으니 하급생이 상급생에게 시달림을 받는 것이 자연스러운 일이었다. 플루타르코스는 상당수 라케다이몬 소년들이 아르테미스 오르티아*Artemis Orthia* 제단에서 매 맞아 죽는 것을 보았기 때문에 매우 신빙성이 있어 보인다고 말했다.

크립테이아(Krypteia), 비밀스러운 일

'스파르타에서 자유인은 세상 어느 곳보다 더 자유인다웠고, 노예는 가장 노예다웠다.'[23]

스파르타는 명령과 복종이 생명과 같았다. 시민 계급인 자신들을 먹여 살릴 농노 계급 메세니아의 헤일로테스를 완벽하게 노예화하기 위해서는 합법적으로 복종하게 할 제도가 필요했다. 리쿠르고스는 일종의 비밀 조직을 만들어 내는데, 플라톤은 이를 '암행 감찰'이라고 기록했다. 아고게에서 전사로 성장한 젊은이 중 가장 촉망받는 인재는 비밀 조직인 크립테이아('비밀스러운 일'이라는 뜻)의 일원으로 차출되었다. 지도자들은 가장 뛰어난 전사를 차출해 단검과 필요한 보급품을 주고 그들을 파견했다. 그들의 임무는 헤일로테스 중 노예답지 않은 자나 그들의 우두머리가 될 만한 떡잎부터 다른 싹을 찾아내 목을 베는 것이었다.

감독관 에포로스는 헤일로테스를 죽일 때는 양심의 가책을 느끼지 말라고 경고했다. 나치의 게슈타포가 연상되는데, 실제로 히틀러는 "스파르타는 한때 훌륭한 수단을 가졌었다"고 말하며 "스파르타인의 스무 배가 넘는 헤일로테스 250,000명을 종속게 할 수 있었던 것은 오로지 스파르타인의 인종적 우수성 덕분이었다"고 말했다고 전해진다. 이런 스파르타의 잔혹하고 비밀스러운 관행은 헤일로테스의 폭동을 예방하고, 그들의 혼까지 자유롭지 못하게 노예화하는 것이었다.

플루타르코스는 그리스와 로마 영웅에 관해 자신의 견해를 드러내기도 하는데, 리쿠르고스에게도 예외를 두지 않았다. 플라톤 철학을 신봉하는 철학자답게 헤일로테스에 대한 학대의 원인도 메세니아인들에게 돌린다. 큰 지진이 라코니아 일대를 덮치자(B.C. 464) 혼란해진 틈을 타 메세니아가 스파르타를 공격하고 도시를 누란의 위기에 빠트렸기 때문이라는 것이다. 먼 나라의 수천 년 전 이야기여서 확증이 없고 확신할 수 없지만, 확실하고 불행한 사실은 펠로폰네소스반도의 라코니아를 구성하고 있는 스파르타도 메세니아의 헤일로테스도 동족인 라케다이몬인이라는 것이다.

디스 이즈 스파르타!

| Molon Labe |

리쿠르고스 법이 제정되고 스파르타의 엄격한 군국주의적 법률에 따라 가장 이상적으로 성장한 인물이 레오니다스다. 헤로도토스는 레오니다스를 '스파르타에서 가장 경탄한 인물'이라고 소개했다. 그로부터 지금까지 레오니다스는 가장 위대하며 상징적인 영웅으로 찬양받고 있다. 현대 스파르타 사람들은 레오니다스가 옥쇄한 테르모필레뿐 아니라 그의 왕국이었던 지금의 스파르타 신작로에도 그를 기념하는 동상을 세웠다. 청동 투구 속에 번뜩이는 눈동자는 두려움이 없으며 전사다운 기개가 있다. 가슴에 덧댄 흉갑은 단단하고 길게 땋아 내린 머리카락과 휘감은 망토는 사내의 우아함이 있다. 동상을 떠받치고 있는 기념비에 그를 상징하는 말이 새겨져 있다.

'몰론 라베(Molon Labe, 와서 가져가라)!'

스파르타의 레오니다스 동상
(King Leonidas Statue of Sparta)
레오니다스 왕 동상이 스파르타 시립 경기
장 앞에 호전적으로 서 있다. 레오니다스 왕
의 동상을 지지하고 있는 비문에는 'Molon
Labe'가 적혀 있다.

소년 때부터 말하는 법을 따로 훈련한다는 이야기가 전해질 정도로
스파르타인들의 말은 함축적이다. 말을 짧게 하는 것이 미덕이었으며,
짧은 표현에 깊은 의미가 있다고 믿었다. 말을 절제하지 못하는 사람의
말은 공허하고 무의미하다고 여겼으며, 긴 침묵을 지킴으로써 의미가
있고 적절한 말을 할 수 있도록 훈련받았다. 어쩌면 말하는 법이 아니라
생각하는 훈련을 받았다고 표현하는 게 맞을 수도 있다. '몰론 라베'는
특별히 스파르타를 상징하는 전설적인 말이며 레오니다스 왕을 상징하
기도 한다.

기원전 480년, 크세르크세스 왕이 이끄는 페르시아 대군이 그리스를
침공하기 직전, 페르시아 사신이 "물과 흙을 내놓으라"고 말하며 스파르

스파르타 상점 간판(Sparta store sign)
스파르타 레오니다스 동상으로 가는 길목의
기념품 상점. 'Molon Labe'가 적혀 있다.

타에 항복을 권한다. 이에 스파르타 군대는 페르시아 사신들을 죽음의
구덩이로 밀어 넣으며 "몰론 라베!"라고 외친다. 영화 〈300〉 속의 한 장
면이다. 비록 연출이지만 레오니다스의 굵고 짧은 한마디에 스파르타인
들의 미학을 단적으로 들여다볼 수 있다.

　같은 맥락에서 흥미로운 이야기가 있다. 기원전 537년쯤 사모스섬을
장악한 참주에 의해 섬에서 추방당한 사모스인들이 스파르타를 찾아간
다. 그들은 스파르타인들에게 원조를 구하기 위해 장광설을 늘어놓았
다. 그러자 스파르타인은 그들의 말이 길어 기억할 수가 없다고 말했다.
이에 사모스인들은 자루 하나를 들고 단순 명료하게 말했다.

　"자루에 곡식이 필요하오."

　스파르타인들은 그들의 요청을 받아들이고 단 한마디로 대답했다.

　"자루란 말은 필요 없소."

　조금 더 세월이 지난 기원전 405년, 그리스는 스파르타와 아테네 두
편으로 나뉘어 싸웠다. 이른바 펠로폰네소스 전쟁이다. 전쟁은 27년간
지긋지긋하게 이어졌다. 스파르타 함대를 지휘한 리산드로스*Lysandros*가

마침내 전쟁의 마침표를 찍었다. 그리고 스파르타의 장군답게 원로들에게 승전보를 보냈다. '아테네를 정복했음.' 편지를 받은 스파르타 원로들은 말이 너무 길다며 이렇게 말한다.

"그냥 '정복'이라고만 썼으면 충분했을 것을."

'말을 많이 하지 않는', '할 말만 하는'이라는 뜻의 라코닉*laconic*이란 단어가 여기서 유래했다는 사실도 흥미롭다. 마지막으로 영화 〈300〉에서는 레오니다스 왕이 이끄는 300명의 전사가 비현실적으로 등장한다. 감독 잭 스나이더는 할리우드 감독답게 스파르타의 라코닉한 요소를 놓치지 않았다. 단단한 근육질 몸에 포도주 빛 망토를 걸친 레오니다스 왕은 항복을 권하는 페르시아 사신을 카이다스의 구덩이로 걷어차 버리며 굵고 짧은 목소리로 외친다.

"디스 이즈 스파르타!"

죽은 자의 집,
카이아다스

| 카이아다스(Kaiadas), 아포테타이(Apothetai) |

스파르타의 전설 속 동굴 이야기를 하려고 한다. 사실 처음엔 통째로 이야기를 빼 버리든가 가볍게 스치는 이야기로 둘 생각이었다. 하지만 이 동굴 이야기는 고대 그리스 세계를 기록한 위대한 작가들뿐 아니라, 그리스인 니코스 카잔차키스까지 소개를 했고, 나 스스로도 심도 있고 다각도로 살피는 재미를 느꼈던 까닭에 고심한 결과 이야기를 해 보기로 했다. 무엇보다 이야기 속에 등장하는 고전을 보면서 자연스럽게 그리스 고전에 흥미를 가질 수 있겠다는 생각도 들었다. 여행기답지 않게 조금은 신경을 곤두세우고 읽게 만드는 부분이 없잖아 있겠지만, 곰곰이 들여다보면 그리스 세계의 흥미로운 요소를 발견할 수 있다. 그러므로 조금 집중을 해 주었으면 하는 바람이다. 그리스 여행의 재미는 풍경을 바라보는 즐거움보다는 지적 탐구 영역의 확장이며 도약이라는 것도 염두에 두었으면 좋겠다.

세상은 사람을 피부색과 인종에 따라 여러 부류로 나누어 구분한다. 때로는 죽을 죄인과 그렇지 않은 사람으로 구분 짓기도 한다. 태어나는 순간부터 쓸모없는 아이로 구분 지어져 삶의 기회를 빼앗긴 경우도 있다.

이 이야기는 스파르타를 여행한 거의 모든 사람이 한 번은 언급하는 스파르타의 잔혹성을 상징하는 전설이다. 투키디데스는 『펠로폰네소스 전쟁사』에 스파르타의 왕이자 유능한 전사였던 파우사니아스의 죽음에 대해 쓴다.

'그가 죽은 후에, 사람들은 그를 악인들을 던져 버리곤 했던 카이아다스에 던져 넣으려고 했다. 그러나 그 후에 그들은 그를 그 근처 어딘가에 묻어 두는 것이 좋겠다고 생각했다.'[24]

'카이아다스'라는 표현에 시선이 멈췄다. 영화 〈300〉에서 페르시아 사신을 구덩이에 발로 차 넣은 장면이 떠올랐다. 그들이 떨어진 깊은 구덩이가 바로 카이아다스다. 극적 연출을 위해 대충 만들어 낸 장면이 아니라, 헤로도토스나 투키디데스의 기록을 원형으로 삼고 있다는 것을 어렵지 않게 알 수 있다.

요람에서 무덤까지 개인의 삶을 통제한 스파르타의 두드러진 점은 신체적인 우월성이었다. 신생아도 태어나는 순간부터 원로들에 의해 신체검사를 받아야 했다.

'잘못 태어나거나 기형이라면, 그들은 아이를 타이게토스 산기슭에 있는 틈 같은 곳인 이른바 아포테타이로 보냈다. 자연적으로 건강한 체

력을 갖추지 못한 생명은 국가에 조금도 유익하지 않기 때문이다.'[25]

스파르타의 동굴을 두고 '카이아다스'와 '아포테타이'라는 표현에 나는 조금 더 호기심이 갔다.

그런데 니코스 카잔차키스는 먼 산등성이에 보이는 푸른 벼랑으로 타이게토스를 구분할 수 있었다면서 아이들을 내다버리던 그곳을 '카이아다스'라고 언급했다. 나는 뭔가 새로운 사실을 발견한 기분이었다. 카잔차키스가 바라본 깊고 푸른 절벽에서 정말로 사람의 뼈가 쌓인 동굴이 발견된 것이다. 이를 처음 발견한 사람은 염소를 치는 목동이다. 목동이 본 동굴 이야기는 당시 그리스에 머무르던 프랑스 고고학자 올리비에 레이에*Olivier Rayet*의 귀에 들어갔다. 그는 당시의 상황을 이렇게 설명한다.

"제가 그곳에서 넘어졌었죠. 깊고 푸른 협곡이었어요. 시원한 바람이 나오는 동굴을 보게 되었답니다. 좁은 틈을 딛고 약 12m 정도를 내려갔죠. 고르지 않은 바닥이 사람의 뼈로 덮여 있었어요."

올리비에 레이에는 카이아다스에 얽힌 전설을 잘 알고 있었다. 그는 스파르타 도심에서 12km 정도를 달려 트리피*Trypi* 마을 가까운 곳에서 동굴을 찾아 들어갔다. 1879년 9월이었다. 그는 한 보고서에 이렇게 쓴다.

'입구는 작았으며 바닥까지는 약 40m였다. 흙과 뼈가 뒤섞였으며 그 위에 몇 개의 큰 바윗덩어리도 떨어져 있었다. 뼈는 말할 수 없이 많았다. 두개골과 치아의 보존 상태로 판단하기에는 모두가 건강한 남성의 것이었다. 위쪽 구멍을 통해 던져졌고, 그들 중 일부는 바위의 거친 돌출부에 매달려 있기도 했다. 바닥에 떨어지면서 부서진 것이 분명했다.'

카이아다스 동굴(The Kaiadas Cave)
스파르타 도심에서 자동차로 15분 거리, 트리피 마을과 가까운 타이게토스산의 협곡과 경사면에 있다.

    프랑스 고고학자의 첫 동굴 탐사였다. 그리고 100년이 지난 1983년, 좀 더 진보된 과학적인 탐사가 이뤄졌다. 동굴학자, 지질학자, 인류학자로 구성된 전문팀은 동굴 바닥에 깔린 뼈들이 어린아이가 아닌 18세에서 35세 사이의 건강한 남성의 것이라는 사실을 밝혀낸다. 극히 일부지만 여성의 것도 있었다. 이 탐사 결과는 스파르타인들이 열등한 신생아를 야만적으로 처리했다는 플루타르코스의 기록에 의문을 던진다. 동굴에서 발견된 성인의 뼈 사진을 증거로 허구라는 것을 강조하기 위해 이렇게 묻는다.

    "동굴에서 발견된 거대한 뼈 더미가 카이아다스 전설의 사실과 허구를 구분하는 데 도움이 될까요?"

고대 세계는 현대와 완전히 달라 단편적인 지식으로 이해하는 것은 무리이며, 역사란 현대적인 감각을 뒤로한 채 한발 물러서서 바라보는 것이 좋다고 평소 생각했다. 플루타르코스의 기록이 허구라고 단정 짓기에는 근거가 부족하다는 느낌이 들었다. 플루타르코스가 기록한 '아포테타이'와 투키디데스가 남긴 '카이아다스'에 대한 개별적인 이해가 여전히 부족하기 때문이다. 대충 얼버무리고 있다는 인상을 받았다. 또한 흥미로운 점 하나를 발견했다. 플루타르코스는 카이아다스를 언급하지 않았다는 역사적 사실이다. 그는 깊은 구덩이, 이른바 '아포테타이'로 보냈다고 썼다. 영화 〈300〉에서 페르시아 사신을 죽음의 구덩이로 차넣는 장면에 영감을 주었을 법한 헤로도토스의 기록도 흥미롭다.

'크세르크세스는 아테네와 스파르타에 물과 땅을 요구하라는 전령을 보내지 않았는데, 그 이유는 다음과 같다. 다리우스가 이전에 이와 같은 목적으로 사람들을 보냈을 때, 항복을 요구하는 전령들을 아테네인 구덩이에, 스파르타는 우물에 던졌고, 그곳에서 왕을 위한 흙과 물을 구하라고 명령했다.'[26]

카이아다스 동굴이 반역자나 전쟁 포로들이 처형된 후 버려진 곳이거나 혹은 밀어 떨어트린 동굴이라는 강한 추측을 가능케 만드는 대목이다. 카이아다스에서 어린 뼈가 발견되지 않은 건 당연하며, 플루타르코스가 말하는 아포테타이와 거리가 멀다는 것을 의미한다.

이쯤 해서 카이아다스 동굴 이야기를 마무리하는 것이 좋겠다. 비록 반나절 스쳐 간 곳이지만 탐사는 이래저래 흥미로웠다. 역사는 이런 식으로 새로운 추측과 반박을 이어 가며 진실이라는 진리를 향해 계속해서 나아가므로 의견 하나가 생겼다. 아포테타이는 플루타르코스가 언급한 대로 건강과 체력을 타고나지 못한 아이들이 버려지는 구덩이였으며, 카이아다스는 항복을 요구했던 페르시아 사신이나 파우사니아스와 같은 반역자, 반란을 주도한 메세니아의 포로들과 같은 심각한 범죄를 저지른 사람들을 처형하는 장소 또는 사형을 당한 사람들의 공동묘지로 사용되었다는 결론이다. 물론 추측이다. 말하자면 아포테타이와 카이아다스는 모두 사망자의 처리와 관련이 있지만, 목적과 던져진 사람들은 분명히 달랐다는 것이다. 단순한 무지에서 나온 의견일지도 모르지만, 역사는 변하는 세계이며 살아 숨 쉬는 생물과 같기에 혹시 모를 일이다. 백 년 정도 세월이 흘러 이런 탐사 보고서와 같은 여행 기사가 떠돌고 있을지⋯.

'스파르타의 타이게토스산 깊은 계곡에서 어린아이들 것으로 보이는 뼈들이 쌓인 또 하나의 동굴 발견, 스파르타의 아포테타이에서 나오는 바람은 죽은 어린아이들의 영혼인가?'

스파르타의 폐허,
신전들

| 아르테미스 오르티아(Artemis Orthia) 신전 |

공중에 울려 퍼지는 기이한 의식의 음률이 올리브 숲으로 퍼진다. 많은 사람이 경배하는 모습을 보며 살을 가르는 채찍 소리를 듣는다. 힘없이 발을 구르다 쓰러진 한 어린 소년의 결의가 깃든 피맺힌 눈동자를 바라본다. 소리는 바람의 속삭임을 따라 메아리치다가 귓전에 맴돌고는 사라진다.

기이한 광경이다. 아이들은 맨발이었고, 최소한의 옷만 걸쳤다. 그들은 달렸다. 치즈 한 덩어리를 들키지 않고 훔쳐 먹도록 강요당했다. 들키지만 않는다면 상대를 죽여도 무방했다. 그것은 신전의 성스러운 의식이기도 했고 축제였으며 훈련이기도 했다.

"인내해야 한다. 죽기 아니면 살기다."

라케다이몬에는 아르테미스 제단에서 다른 사람들이 매질하는 동안 소년들이 되도록 많은 치즈를 낚아채게 하는 의식이 있었다. 플루타르코스는 '인내력 경쟁에서 이긴 소년들에게 은 기념비를 세워 주었으며 그중 몇 개는 아직도 남아 있다'고 썼다. 소위 치즈 쟁탈전이다. 우리가 아는 한 여신을 기리는 의식은 고통을 고통으로 승화시키는 형태를 가졌다. 엄격한 통제하에 혹독한 환경에서 치열한 경쟁을 하다가 죽어 나가는 아이들이 속출했다. 갓 태어난 아이의 건강 상태를 살펴 전사로 자랄 가능성이 없는 아이는 진즉에 타이게토스 산기슭에 있는 깊은 구덩이로 던져 들짐승의 먹이가 되도록 했으니 굶주린 소년들은 동료를 죽이고 훔쳐 먹으면서라도 살아남아야 했다. 아르테미스를 숭배하는 신전 제단에 놓인 치즈를 가능한 한 많이 훔치는 것은 영광이었다. 명성과 행복을 얻을 수 있었기 때문이다. 또, 고통을 극복하는 인내는 스파르타의 율법이며 타이게토스의 준엄한 명령이었다. 가혹한 전쟁에 대비하기 위해 격렬한 신체적 시련을 겪으며 고통에 내성을 키우는 것이었다. 신속함이 요구되는 장소에서 소년들은 나태함에는 이익이 없고 괴로움만 있다는 것을 깨닫는다. 그렇게 제단은 소년들의 피로 물들었다. 무대는 아르테미스 오르티아 신전이다.

　도대체 어떻게 이러한 국가가 존재했으며 지속될 수 있었는가? 고대 스파르타의 어린이들을 상상하며 몸서리친다. 나의 어린 시절은 천진난만하고 순진무구했으며 자유로웠기 때문에 이 끔찍한 세계에 태어나지 않은 것에 안도한다. 그렇다면 나는 스파르타의 전사로 살아남을 수 있었을까? 일상적으로 선임들의 집합과 구타를 경험했지만 그런 가운데서도 병영 생활을 즐겁게 마친 것을 생각하면, 스파르타에서 공동의 식사를 즐기며 가혹한 생활도 기꺼이 극복하고 살아남았을지도 모른다. 나는 자유주의자이며 동시에 전체주의자이기도 했기 때문이다.

그러므로 균형 잡힌 시선으로 과거와 현재를 긴밀하게 조응시켜야 한다. 현대적인 감각을 뒤로한 채, 한발 물러서서 바라보는 것이 좋겠다고 할 수밖에 없다. 또한 잔혹한 훈련을 통해 고통과 고난을 극복하는 인내심이 스파르타 사회를 유지하는 데 결정적인 역할을 했다는 것을 감안해야 한다. 고통은 강인한 전사로 태어나기 위한 철저한 훈련이며 무장이었으니 견딜 수 없으면 죽어 없어지는 편이 나았다. 그것이 곧 고대 스파르타의 정신이었다.

폐허, 여기저기 흩어진 생존의 흔적들과 태양과 어둠의 망령들, 물, 공기, 돌… 그 밖에 아무것도 없다. 애초에 없었는지도 모를 일이다. 기념비도 없으며 영원불멸과 같은 성스러움이나 경이로움도 찾아볼 수 없다. 이미 이곳을 다녀간 누군가는 이렇게 중요한 고고학적 유적지가 우범 지역처럼 방치되어 있다는 것을 보고 마음이 아프다고 했다. 그리고 또 다른 사람들이 보고한 바와 같이 쓰레기로 가득 차 있었다. 불행히도 시간과 공간의 경계를 초월해 이곳이 안전하지 않다는 기록을 떠올리는 순간, 나는 스파르타의 아르테미스 오르티아 신전에 홀로 서 있다는 사실을 인식한다. 두려움이 엄습했지만 무섭지 않았다.

아크로폴리스 언덕의 플라타너스 그늘 가운데 신전이 있었던 터에는 지붕도 기둥도 없다. 제단도 보이지 않았다. 신전의 모든 것들은 아크로폴리스의 다른 건물들과 함께 버려졌다. 거의 다 무너져 내린 낮은 옹벽 두 개뿐이며, 이곳이 신전이었다는 사실조차 알기 어렵다. 아무리 살펴도 똑똑히 볼 수 있는 것들이 없다. 신전의 폐허는 스파르타인들이 창조해 낸 그 어떤 것도 찾을 수 없게 만들었다. 하지만 낡고 헐벗어 부서진 흔적 속에서 그 시절의 이야기를 떠올리면 역사의 장면이 한 편의 영화

아르테미스 오르티아 신전
스파르타 도심에서 동쪽 끝, 에우로타스강 유역에 있다. 스파르타의 가장 중요한 성소 중 하나이자 스파르타 소년들을 훈련시키는 종교 중심지였다. 형태조차 없는 폐허이며 점토로 만들어진 가면과 같은 유물로 오르티아 신전임을 알 수 있었다.

아테나 칼키오이코스(Athena Chalkioikos) 신전
스파르타의 아크로폴리스를 중심으로 지도를 펼치면 좌측으로 2.5km 남짓 거리에
아테나 칼키오이코스 신전이 있다. 아테나 칼키오이코스는 '청동으로 만들어진 집의
아테네'라는 의미다.

처럼 스친다. 나는 눈을 감았고, 상상력은 충돌로 가득 차 있는 세계로
이끈다.

  제사가 있었고 축제도 벌어졌다. 여자건 남자건 벌거벗은 몸으로 웃
으며 노래하고 외치며, 심지어 춤을 추기도 한다. 시끌벅적한 신전 높은
곳에서 한 사내가 고개를 쳐들고 흡족한 표정을 짓고 있다. 두 팔과 다
리가 없고 몸뚱어리도 없다. 깃털이 달린 청동 헬멧을 쓰고 무구를 걸친
모습이 영락없는 테르모필레의 영웅, 레오니다스다. 레오니다스가 아니

어도 상관이 없다. 신전을 정화하고 신전에서 굶어 죽은 사내를 위해 여신에게 바쳐진 두 동상 중 한 명이 분명하다. 그는 입을 꾹 다문 채로 미소만 짓고 있다. 현대인들은 그를 중무장한 호플리테스 동상이라고 불렀다. 두상만 남은 얼굴이 머금은 웃음에서 굶주림과 피로 물든 모습은 상상할 수 없으니 스파르타인들이 그를 숭배하고 축복했을지 모르겠다는 추측이 일어난다.

신전으로 통하는 문은 중무장한 병사들이 지키고 섰고 신전의 지붕 아래 조그마한 방에는 다른 사내가 웅크리고 앉아 신음한다. 굶주림과 피로 얼룩졌고 진흙으로 범벅된 몸은 차마 제대로 쳐다볼 수가 없다. 그가 누구이던가? 그는 페르시아 전쟁을 종식한 플라타이아 전투의 영웅이다. 살라미스 해전에서 패주한 크세르크세스가 남겨 놓은 지상군 30만을 플라타이아 전투에서 대패시켰고, 이듬해는 비잔티움을 탈환하기도 했다. 그는 왕가의 사내이며 테르모필레의 영웅 레오니다스의 조카인 파우사니아스^{Pausanias}다. 승승장구하는 자의 어깨는 체통과 체면과 오만과 교만이 차지하기 마련이다. 그는 결국 오만한 행동으로 연합군의 반감을 샀고, 페르시아와 내통했다는 개인적인 야망까지 드러나면서 스파르타 5인의 집정관들에게 반역자로 몰려 도망쳐 신전으로 숨어든 것이다. 스파르타의 두 왕도 5인의 감독관 눈 밖에 났으니 도리가 없었다. 청동 신전은 국가의 죄인이 법 집행을 피할 수 있는 성소였다는 것을 알 수 있는 대목이다. 하지만 형 집행으로부터는 도망갈 수 있었지만, 허기까지 달랠 수는 없었다. 그렇게 그는 굶어 죽었다.

테르모필레

| ⟨300⟩ |

파우사니아스는 반역죄로 카이아다스에 던져질 뻔했으나, 나중에 신전 입구에 묻혔다. 반란이 모함으로 밝혀진 까닭인지 알 수 없지만, 신탁은 신전이 오염되는 것을 막고 파우사니아스를 위해 두 개의 청동 조각상을 만들어 신전에 바치게 했다. 한편 패기 넘치게 페르시아 사신을 죽음으로 몰아넣은 스파르타는 시간이 흐르면서 고민에 빠졌다. 항복을 권유하긴 했지만 외교 사신을 죽음의 구렁텅이로 차 넣었으니, 전쟁을 자초한 것이다. 크세르크세스는 이 사건에 대해 대를 이은 대가를 치르라 말했다. 그 뒤로는 스파르타인들이 아무리 제물을 바쳐도 길조가 나타나지 않았다.

이런 일이 꽤 오래 지속되자 라케다이몬인 중에 가문 좋고 재산 많은 두 젊은이가 스파르타를 위해 자신들의 목숨으로 페르시아의 사신들을 죽인 대가를 치르겠다고 자원해 페르시아로 향한다. 이들은 페르시아의 수도로 가는 길에 페르시아의 사령관을 만나게 되는데, 그는 자신의 지위도 페르시아 왕이 내린 것이고, 페르시아 왕은 인재를 존중하고 은혜를 베풀 줄 아는 분이니 왕에게 항복하면 통치할 땅도 받을 수 있고 부귀영화도 누릴 수 있다며 두 젊은이를 설득한다. 그리고 페르시아 왕의 친구가 되기를 거부하는 이유가 뭐냐고 묻는다. 그러자 라케다이몬의 두 사내는 그에게 스파르타의 정신을 재확인시켜 준다. 헤로도토스는 그들이 페르시아의 사령관에게 한 말을 이렇게 전하고 있다.

> "당신은 노예가 되는 법은 잘 알지만, 자유를 맛본 적이 없으니 자유가 얼마나 달콤한 것인지 모르는 것 같소. 당신이 자유를 맛본다면 창을 사용하지 않고 도끼를 사용하여 싸우라고 우리에게 조언했을 것이오."[27]

두 사내의 결연한 의지에도 불구하고, 페르시아는 두 번째 그리스 침공을 감행했다. 죽음을 확신한 레오니다스는 후손이 있는 스파르타인들을 선발했다. 선발된 이들은 아르고스를 지나고 코린토스 지협을 빠져나간 뒤 펠로폰네소스반도를 벗어나 그리스 본토로 거슬러 올랐다. 이들은 플라타이아 평원을 지나 중동부의 테르모필레 협곡까지 330여km를 행군해 페르시아 대군을 맞았다. 레오니다스 왕과 선발된 300명의 스파르타인은 테르모필레 협곡에서 페르시아와의 일전을 준비한다. 스파르타인답게 긴 머리카락을 빗고 다듬으며 한가롭게 적이 어디에 있는지 묻는다. 헤로도토스는 기원전 480년 7월 어느 날, 역사상 가장 위대한 전사들에 대한 기록을 남겼다.

페르시아인들과의 전투가 시작되기 전 레오니다스는 어떤 트라키스인에게서 페르시아인들이 활을 쏘면 화살들에 해가 가려질 만큼 그 수가 엄청나다는 말을 들었다고 한다. 그러나 그는 페르시아인들의 수가 많은 것에 놀라기는커녕 태연하게 대답했다고 한다.

> "트라키스 친구여, 그대는 좋은 소식을 전해 주시는구려. 페르시아인들이 해를 가려 준다면, 우리는 햇볕이 아닌 그늘에서 싸우게 될 테니 말이오."

마침내 페르시아 대군과 일전이 시작되었다. 스파르타인들의 칼이 공중을 가르며 적과 맞서 싸웠다. 페르시아인들은 무자비했고, 그들은 스파르타인들보다 수적으로 많았다. 스파르타인들은 그들의 결의를 굽히지 않고 계속 싸웠다.

계곡은 전투 소리, 칼의 충돌, 부상자들의 외침으로 메아리쳤다. 레오니다스도 칼을 들고 전선에 섰다. 레오니다스는 살아남은 그리스 병사에게 달아나 목숨을 건지라 하지만 마지막 한 사람까지 전사를 택한다. 그들은 가족, 땅, 그리고 그들의 삶의 방식을 위해 최후까지 싸웠다. 테르모필레 전투는 페르시아인의 진격을 지연시켰다. 아테네인들이 살라미스섬으로 대피하는 데 충분한 시간을 만들어 주었다.

테르모필레에서 레오니다스의 옥쇄는 그리스 전역으로 퍼져 나갔다. 이는 애초에 신탁에 따라 레오니다스가 바라던 바였다. 레오니다스의 죽음을 예언한 자도 죽음이 다가오는 것을 보았지만 차마 그의 곁을 떠날 수 없었다. 그리스 병사 중 살아남은 자 하나는 훗날 플라타이아 전투에서 죽음으로 명예를 회복했고, 파견에서 살아남은 자 하나는 살아

테르모필레의 레오니다스 왕 동상(King Leonidas Statue Thermopylae)
동상 뒤편으로 300 용사 기념관이 있다. 테르모필레는 '온천이 솟는 고갯길' 혹은 '뜨거운 통로'를 의미
하는데 온천이 솟아나는 데서 유래된 이름이다. 300명의 전사와 함께 레오니다스의 활약상을 연출해
놓았다.

남았다는 불명예 때문에 스스로 자결한다. 테르모필레에서 그들은 그렇게 싸웠다. 그들의 희생은 그리스 연합군에게 용기와 단합을 안겨 주었다.

세계 어디에서도 그 유례를 찾아볼 수 없다. 전설이 되었으니 테르모필레 전투는 조국을 위해서라면 자신의 목숨을 내놓는 스파르타의 상징이 되었다. 만일 이 300인의 죽음이 없었다면 그리스 세계는 '물과 땅'을 내놓고 말았을지도 모를 일이다. 그렇다면 더 나아가 우리가 민주주의라는 세계를 모르고 살았을지도 모를 일이다. 지나친 비약일까? 만일 레오니다스가 무덤에서 깨어나 나의 이러한 의견을 듣기라도 했다면, 그는 라코닉한 언어로 간단명료하게 한마디 던졌을지도 모른다.

"You are right!"

그들은 쓰러진 곳에 묻혔다. "이곳에서 펠로폰네소스에서 온 4,000명이 3백만의 적군과 맞섰노라"며 전사자를 애도한 레오니다스의 말은 기념비로 남아 그들 모두를 기렸지만, 스파르타인들은 그들답게 짧고 굵은 명문을 새로 새겨 넣었다.

'나그네여, 가서 스파르타인에게 전하시오, 우리가 그들의 명령에 순종하여 여기 누워 있다고.'[28]

미스트라

| 모레아의 경이 |

나는 서울을 떠나 그리스 외딴 시골을 떠돌아다니고 있으며, 가끔 외로움 같은 것을 느끼고 있다. 하지만 말없이 길을 걷다 맛보는 숭고한 희열은 어떤 찬란한 공적이나 요란한 명성과는 비교할 수 없다. 까닭에 연연함이 없으며 집착이 있을 리도 없다. 그럼에도 불구하고 고독이 엄습하면 작은 올리브나무 그늘에 앉아 환상을 좇는 사람처럼 보이지도 않고 만질 수도 없으며 만날 수도 없는 사람들에게 편지를 쓰다가 쓸쓸함이 조금 해소되면 태양 앞으로 나아갔다.

혼자 여행하면서 찾아올 수밖에 없는 고독은 시간이 지날수록 해소되었다. 고대 스파르타 여행을 마친 나는 올림피아로 계획을 잡았다. 그전에 하루 더 머물러 스파르타 도심으로부터 8km 정도 떨어진 미스트라를 돌아보기로 했다.

미스트라

스파르타에서 8km 정도 거리에 있다. 멀리 산정은 미스트라 성채가 왕관처럼 쓰였고, 판타나사 수도원이 산 중턱에 걸려 있다. 그 밖에 비잔티움 황제의 궁과 크고 작은 교회들이 산 하나를 신비스럽게 장식하고 있다.

 미스트라Mistra는 베네치아인과 터키인이 차례로 차지했다가 1832년 이후 완전히 버려진 중세 도시다. 애초 여행 일정에는 없던 곳이었다. 그리스의 고대 도시를 찾아다니던 나에게 중세로의 여행은 준비되지 않은 벅찬 주제였기 때문에 훗날을 기약하는 것이 좋겠다고 생각했다. 하지만 유네스코에 등재된 세계적 유적지를 바로 곁에 두고 지나치기엔 아쉽다. 가볍게 둘러보기로 하고 타이게토스 능선에 펼쳐진 미스트라 언덕을 바라보며 방향을 잡았다.

상점, 식당, 그리고 카페로 가득 찬 번화한 스파르타 도심을 빠져나오자 멀리 눈 덮인 타이게토스산 정상 아래 펼쳐진 스파르타의 평원이 목가적인 스위스를 연상시킨다. 삼나무 숲과 올리브나무가 펼쳐진 포장도로가 이어졌다. 그 길을 따라 걸었다. 삼나무 숲이 시작되는 길목에 이르자 작은 상점이 눈에 띄었다. 7~8km 정도의 길을 넉넉히 두어 시간은 걸어야 한다.

미스트라로 향하던 길에 물을 한 잔 얻어 마시려고 판타나사 수도원으로 들어간 카잔차키스가 생각났다. 작은 상점에 들러 아이스크림을 사 들고 물병도 손에 넣었다. 아이스크림을 한 입 삼키니 걸음이 바람결에 실려 다니는 것 같다. 목을 축이면서 길게 이어진, 조금은 지루한 길을 계속해서 걸었다.

"나는 과수원과 삼나무 숲을 지나 그리스의 폼페이인 미스트라를 찾아가는 순례자가 되었다."

이곳을 다녀간 카잔차키스의 표현이다. 벌거벗은 아이들과 물을 길어가는 여자들, 나무 밑에서 수를 놓는 소녀들의 모습은 다 사라진, 한 세기가 지난 모습이다. 하지만 레몬과 오렌지 나무가 군데군데 서 있는 좁고 꼬불꼬불한 오솔길과 내리쬐는 햇빛, 들판 위에 펼쳐진 올리브나무들은 그가 이곳을 찾았을 때 그대로다.

어쩌다 한번 만나는 교차로는 오렌지 나무가 길을 갈라놓았고, 나무 아래는 쉼터를 알리는 의자가 놓였다. 오렌지가 탐스럽게 열렸다. 달콤한 오렌지 향기를 맡으며 먼 산을 바라보자, 멀리 산정은 거대한 성채가 왕관을 쓴 모습이며, 그 아래 경사면에 붉은 기와를 얹은 중세 베네치아

풍의 건물과 그 너머 미스트라의 저택들은 한 폭의 그림처럼 들어온다.

　제일 먼저 만난 곳은 오르막과 내리막이 만나는 곳이었다. '팔레올로고스'라는 아주 작은 마을이다. 마을 입구에 이르자 누군가 근엄하고 굳건한 자태로 칼을 어깨에 걸치고 있는 모습이 마치 자신의 영역이라는 표정으로 서 있다. 비잔틴 제국의 마지막 황제, 콘스탄티누스 11세 팔레올로고스*Palaiologos*다. 두 개의 머리를 가진 독수리 문장이 새겨졌고, 동상 위로 비잔틴 제국의 깃발이 날렸다. 1405년 태어났고 1453년 5월 29일 전사했다. 그는 중세 미스트라의 역사이며 그의 죽음은 곧 비잔틴 제국의 마지막과 같았다. 그저 아름다운 곳이란 표현으로는 부족하다.

　미스트라의 중세 역사는 프랑크인들이 펠로폰네소스를 점령하고, 그들의 통치자인 빌하르두앵의 윌리엄 2세*William II of Villehardouin*가 스파르타가 내려다보이는 620m 높이의 언덕에 성을 건설하면서부터 시작되었다. 1249년이었다. 이후 비잔티움의 마지막 황제 팔레올로고스가 그리스인들과 함께 프랑크인들을 몰아내고 미스트라를 비잔틴 제국에 편입시키면서 예술, 건축, 학문의 중심지로 번영과 문화적 꽃을 피웠다. 가장 훌륭한 궁전과 수도원이 저층부터 상층까지 세 개의 지역으로 나누어지면서 중세의 번영을 경험했다. 하지만 이러한 번영은 1460년 오스만 제국이 미스트라를 점령하면서 막을 내리게 된다. 이후 크고 작은 약탈과 봉기 같은 사건을 겪으며 인구는 점차 감소했고, 결국 1830년대에 버려져 이웃한 스파르타에 새 도시를 건설하게 되었다.

　팔레올로고스 마을을 지나자, 오른쪽으로 언덕길이 이어졌다. 얼마나 올랐을까. 산 중턱에 오르자, 레스토랑이 객을 맞고 있다. 카메라를 내려놓았다. 두 다리를 늘어트리고 스파르타 도심을 향해 앉아 있으니 스

팔레올로고스 동상
콘스탄티누스 11세 팔레올로고스는 1449년 미스트라에서 황제로 즉위했다가 그리스인 용병들과 함께
술탄 모하메드 2세(Sultan Mohammed II)가 이끄는 오스만 군대와 싸우다 전사했다.

파르타 평원이 시원하게 펼쳐진다. 해가 중천에 오르고 조금 더 오르자, 건축물 하나가 빛의 향연에 도취해 깊은 사색에 잠긴 모습이다. 이곳은 중세 미스트라 요새의 두 번째 지역이다. 빛바랜 붉은 기와가 겹겹이 얹힌 지붕이 중세 베네치아 분위기를 풍긴다. 판타나사 수도원*Pantanassa Monastery*이다.

'모든 이의 여왕'이라는 의미가 있는 판타나사는 동방교회에서 성모마리아를 부르는 칭호 중 하나라고 하는데, 수도원 역시 성모마리아에게 봉헌되었다고 한다. 미스트라 요새를 구성하고 있는 건축물 가운데 유일한 거주지로 지금까지 수녀들이 머물고 있다고 전해지는데 인적이 없고 어쩌다 눈에 띄는 사람은 사진기와 배낭을 멘 호기심 어린 모습의 여행자들이다. 문은 굳게 닫혀 있었다. 일요일이라는 것을 까맣게 잊고 있었다. 문제 될 것이 없다. 중세 그리스는 이번 여행의 주제가 아니라는 생각을 하면서 아쉬움을 떨쳐 버렸다.

산의 허리를 잘라 내 세워진 미스트라의 성채도 문이 굳게 닫혔다. 닫힌 철문 사이로 드러난 폐허를 보면서 비밀 정원 같은 중세 미스트라의 경이로운 유혹 속에 빠질 것만 같은 충동을 느꼈다. 바라보는 것으로 만족해야 했다. 아쉬움에 미스트라의 요새가 내려다보이는 곳까지 올랐다.

어느새 해가 기우는 가운데 미스트라의 세 번째 구역이 한눈에 펼쳐졌다. 모레아의 경이로움이다. 플라타너스 아래 한동안 앉아 멀리 보이는 성채를 바라보다가 올라온 길로 몸을 돌렸다. 팔레올로고스 마을 작은 카페에 앉아 커피를 마시며 욱신거리는 두 다리 근육을 달랬다.

눈앞에 비잔티움의 마지막 황제 팔레올로고스는 여전히 근엄한 모습이다. 비잔티움 제국이 오스만 제국에 패배했음에도 불구하고 동상을 세워 그를 기리는 것으로 보면, 현대 그리스인들이 그를 그리스 국민을 위협한 폭정과 억압의 세력에 저항한 상징으로 보고 있음을 알 수 있다. 그리스인들은 비잔티움 마지막 황제의 저항 정신을 기리고 있다. 니코스 카잔차키스도 비잔틴 제국의 마지막 황제를 저항과 반항의 정신을 구현한 인물로 묘사하기도 한다. 미스트라의 영원한 수호신처럼 콘스탄티누스 11세 팔레올로고스가 오스만 군대를 향해 돌격하면서 남긴 유언은 전설처럼 전해지고 있다.

"성은 함락되었지만 나는 여전히 살아 있구나!"

스파르타의 풍경
The Scenery of Sparta

스파르타는 군사적 엄격함과 훈련에 대한 이야기로 잘 알려져 있다. 고대 그리스 사람들은 보통 스파르타를 라케다이몬이라고 불렀다. 현대의 스파르타는 공식적으로는 '스파르타'라고 불리고 있으며 상주인구는 2만을 넘지 못하는 작은 도시다. 아테네 국제공항에서 스파르타까지는 약 220km 정도이며, 차로 약 3시간에서 3시간 30분이 소요된다. 버스는 아테네의 KTEL 버스 터미널에서 스파르타로 가는 버스가 있다. 이동 시간은 약 4시간에서 5시간 정도이며, 몇 번의 환승이 필요할 수 있다. 고대 스파르타의 유적은 대체로 소멸하였지만, 고대 극장과 신전, 일부 고고학적 흔적을 볼 수 있다. 스파르타 근처에 위치한 미스트라는 중세의 비잔틴 도시로, UNESCO 세계 유산에 등재되어 있다.

4장

성스러운 숲,
올림피아

알티스
(Altis)

| 신성한 울타리 |

올림피아를 여행한다는 것은 고대 그리스의 성소를 탐색하는 것이다. 고대 그리스를 여행한다는 것은 고전에 담긴 이야기를 새롭게 만나는 유희이며 창조다. 신전이든 궁전이든 시장통이든, 길 위에서 만나는 모든 대상에 호기심 어린 시선을 던진다. 그때 그 시절 속으로 몸과 마음을 밀어 넣고 함께 호흡하며 그들의 마음을 읽어 내며 균형 잡힌 의견을 창조해 내는 것이다. 그러면 여행도 순례가 된다.

올림피아로 향하는 내내 나무가 울창한 숲이 이어졌다. 올림피아가 가까워지자, 창밖 풍경이 마치 강원도 어느 산골로 향하는 듯한 분위기가 그리스답지 않다.

숲으로 둘러싸인 올림피아를 만나자, 지중해성 건조한 기후에 익숙한 그리스인들이 올림피아를 특별히 '성스러운 숲'으로 여겼다는 것이 이상하지 않다. '올림피아'라는 이름이 본래 숲이 우거진 이곳의 계곡을 일컫

올림피아의 알티스

알티스는 그리스어로 '신성한 숲'을 의미한다. '신성한 울타리' 안에 제우스에게 바쳐진 신전과 올림피아 유적이 모여 있는 그리스인들의 가장 중요한 성소이다. 기원전 776년부터 4년마다 공식적인 올림픽이 개최되었다. 이오니아해에서 약 18km 떨어져 있는 올림피아의 크로니온 산기슭에 있다.

는 말에서 유래된 데도 고개가 끄덕여진다. 버스는 이오니아해를 불과 18km 정도 남기고 멈췄다.

1937년, 니코스 카잔차키스는 올림피아를 찾았다. 그는 집을 떠나 있는 날이면 아내 엘레나에게 편지를 썼다. 여행 중에 쓴 수많은 영혼의 편지는 문장 구성과 모든 표현이 지나치게 일상적이고 평범하여 오히려 그의 영혼이 얼마나 따뜻한지 알 수 있다. 그가 쓴 한 묶음의 편지는 『카잔차키스의 편지』라는 제목으로 출판되었다. 그의 서한집은 자유로운 영혼을 찾기 위해 평생을 분투했던 인간 카잔차키스의 인간적인 면모를 보여 주는데, 카잔차키스는 작가로서의 고뇌도 숨김없이 전달했다.

카잔차키스는 파이프 담배를 물고 올림피아 평원을 다니면 여러 가지 주제가 끓어오른다고 썼다. 마찬가지로, 나 역시 작고 소박한 올림피아에서 여러 주제가 떠올랐지만, 이야깃거리가 너무도 방대해 아무것도 쓰지 못할 것 같다는 불안감이 휘감았다. 고민을 날려 보낼 만한 파이프 담배도 없으니, 이 고민을 해소하기 위해서는 카잔차키스의 조언을 따르는 것이 좋겠다는 생각이 들었다. 니코스 카잔차키스는 "탐색하고 베일을 찢고 고통을 받으면서 여행해야 한다"고 조언했다.

때는 1937년 9월이었다. 니코스 카잔차키스가 이곳에 도착했을 때, 알페이오스 강줄기를 따라 크로니온산Kronion Hill으로 축축한 바닷바람이 불었다. 그는 이곳에 도착하는 순간 "그리스의 풍경을 통틀어 올림피아처럼 영감을 주고 평화와 화해의 정신을 불러일으키는 땅도 없다"고 했다. 그가 걸은 거리는 자동차, 수레, 당나귀, 개 등 소리를 낼 수 있는 것들이 일제히 울려대는 번잡한 비포장도로였다.

농익은 봄날이어서 그런지 축축한 바닷바람은 느낄 수 없었다. 비포장은 사라졌고 수레와 당나귀도 보이지 않았다. 하지만 솔밭과 은빛으로 흐르는 알페이오스 강줄기는 그대로다. 카잔차키스가 걸었던 솔밭 사이로 난 길을 따라 올림피아의 신성한 숲으로 들어가며 나의 머릿속은 상상으로 가득 차기 시작한다.

어두운 밤, 검고 먼 하늘에서 단단한 근육질의 벌거벗은 사내가 황금빛 성운을 훌쩍 뛰어 성큼성큼 다가왔다. 붉게 타는 태양이 하얗게 빛나기 시작하자 그는 웅대한 모습으로 단단한 두 다리를 앞뒤로 어깨만큼 벌렸다. 그는 두 팔을 벌려 뜨겁게 타는 돌 하나를 내던졌다.

붉게 타는 돌 하나가 펠로폰네소스 서북부 올림피아의 무성한 한 나무숲, 크로니온 산기슭으로 떨어졌다. 섬광이 번뜩이고 불기둥이 솟아났으며 땅이 요동쳤다. 뜨겁게 달궈진 땅이 식어 내리자, 초원이 펼쳐졌고 알페이오스강과 클라데오스강이 만나는 숲은 아름다운 나무들이 자라나기 시작했다.

한 줄기 빛을 보고 놀라 깨어난 엘리스 사람들은 긴 암흑 속에서 벗어나 벼락이 떨어진 곳에 제우스의 제단을 만들었다. 헤라를 위한 신전도 만들고 니케 신전도 지었다. 제우스에게 봉헌할 봉헌물을 보관하는 보물 창고를 만들고, 사제들이 머무는 거처도 만들었다. 그들은 거대한 체육시설과 너른 경기장도 만들었다. 풀과 꽃과 열매의 즙을 삼키고 가축을 기르고 교역하고, 서로 붉은 피 뚝뚝 흘리며 죽기 살기로 전쟁을 하다가도 이 '신성한 울타리' 안으로 모여들었다. 그리고 괴상한 곡조에 맞춰 춤을 추며 신을 찬양하고 서로의 힘을 겨루기 시작했다. 이곳을 그리스인들은 제우스의 성소, '성스러운 숲' 알티스*Altis*라고 불렀다.

펠로피온
(Pelopion)

| 펠롭스의 전차 경주와 장례식 추도 경기 |

콰르릉! 낮은 산 아래 지축이 흔들린다. 균형 잡힌 몸매에 단단한 근육으로 무장한 사내들의 거친 호흡이 숲에 울려 퍼진다. 펠롭스의 전차 바퀴 부딪치는 소리인가? 피사의 우두머리 전차 바퀴 구르는 소리인가? 그렇지 않으면 트로이 전쟁 영웅들의 거친 숨소리인가?

크로노스 언덕 기슭에 신성한 숲으로 알려진 올림피아는 고대 올림픽 경기의 발상지다. 고대의 여행가 파우사니아스에 의하면 알티스에는 총 69개의 신전과 제단이 있었다. 그중에 올림픽의 기원과 관련이 있는 폐허가 있는데, 펠롭스의 고분인 펠로피온*Pelopion*이다. 전승에 따르면 헤라클레스가 펠롭스를 위해 봉헌한 것으로, 올림피아의 신성한 숲에 세워진 최초의 구조물일 수도 있다. 펠롭스에게 경의를 표하기 위해 1년에 한 번씩 검은 숫양을 제물로 바치고, 올림픽이 열리는 사흘째가 되는 날이면 소를 제물로 바치는 의식이 벌어졌다. 지금은 기둥 하나 남아 있지 않은 폐허로 제우스 신전에 밀려 이름 없는 흔적이 되었다. 하지만 역사를 거슬러 오르면 펠로폰네소스 자체가 '펠롭스의 땅'이라고 불릴 정도로 그의 영향력은 컸다. 펠롭스와 오이노마오스 왕의 전차 경주는 미케네 왕가 비극의 원천이다. 펠롭스가 피사의 왕 오이노마오스의 죽음을 추모한 경기가 올림픽의 기원이라고 전해지고 있다. 이런 장례 경기는 고대 그리스 세계에서 흔한 관습이었다.

때는 바야흐로 미케네의 왕 중의 왕 아가멤논과 아킬레우스, 오디세우스와 같은 영웅들이 대활약하고 미케네 문명의 번영이 최고조에 이르렀던 시기다. 아킬레우스는 트로이에서 죽마고우와 같은 파트로클로스가 죽자 그를 위해 저승에서 시중들라며 트로이아인의 자제 열둘과 말 네 마리, 개 두 마리를 화장火葬하여 성대하게 장례를 치른 후 기념 경기를 치른다.

아킬레우스는 자신이 소유한 수공예에 능한 여인과 세발솥과 황금을 상금으로 내놓는다. 우수한 말들을 골라냈고, 지혜로운 노인들은 어떻게 경기를 풀어 나갈지 조언을 아끼지 않으며 경주에 나선 자들을 격려했다. 아킬레우스는 심판도 세웠다.

'그리하여 그들이 모두 한꺼번에 말에 채찍을 휘두르고 고삐로 치며 맹렬한 기세로 위협의 말을 퍼부으니, 말들은 부리나케 함선들 옆을 떠나 순식간에 들판 위로 내달았다. 그것들의 가슴 밑에서는 구름이나 회오리바람 같은 먼지가 일었고 그것들의 갈기는 바람의 입김에 나부꼈다.'[29]

그리스 연합군이 장례를 기념하여 치르는 경기의 장면은 마치 올림픽 경기를 관람하는 듯하며, 특별히 승리의 욕망으로 전차를 모는 장면을 상상하면 영화의 한 장면을 보는 것 같다. 실제로『일리아스』에서의 트로이 전쟁은 할리우드 영화로 제작이 되어 대흥행을 이루기도 했으나, 영화보다 더 웅장하고 장대하며 실감이 난다. 경기가 시작되고 끝날 때까지 트로이 원정에 참여한 영웅들이 전차 경주에서 펼치는 장면은 펠롭스가 피사의 왕 오이노마오스와 전차 경주를 벌이는 장면과 다르지 않다.

반칙과 잔꾀, 순위에 대한 치열한 설전도 등장한다. 경기에 앞서 펼쳐진 전차 경주는 최고의 볼거리였다. 전차 경주가 잘 끝나자 각기 가지고 있는 노새나 청동 잔을 걸고 권투 시합을 펼쳤다. 레슬링도 펼쳐졌다. 레슬링 승자의 상은 세발솥이었다. 소 열두 마리 가치가 있었다. 승패가 갈리지 않자, 아킬레우스는 포도주를 희석하기 위한 동이와 황소 한 마리를 상품으로 내놓고 달리기 경주를 했다. 일등으로 항아리를 차지한 자는『오디세이아』의 주인공 오디세우스였다.

아킬레우스는 이어서 긴 창과 한 번도 사용한 적 없는 가마솥을 걸고 승패를 가르는 창 던지기 시합까지 제안한다. 그러자 시종 신분인 메리오네스와 연합군 총사령관 아가멤논이 참가 의사를 밝혔다. 아킬레우스는 인간들의 왕 아가멤논에게 당신이 그 누구보다 창 던지기가 뛰어난 것은 모두가 다 아는 사실이니 상을 메리오네스에게 양보하라고 권하며 인간적인 면모를 드러낸다. 어떤 상으로도 대신할 수 없는 아름다운 상이었다.

페이디아스의 작업장

| 신들의 제작자와 올림피아의 유적들 |

트로이 전쟁도 끝났고 펠롭스에서 아가멤논 일가로 이어진 저주도 끝났다. 아킬레우스도 오디세우스도 죽었다. 기원전 1200년쯤 미케네 문명도 어둠 속으로 사라졌다. 그로부터 400여 년의 암흑기가 지나고 올림피아의 신성한 숲에 한 줄기 빛이 반짝였다.

새벽안개 걷히고 태양이 떠오르기 시작하자 올림피아의 성스러운 숲에는 짙은 향내가 피어올랐다. 제사장들은 제우스 신전에 제물을 올리고 은총을 기원하며 안녕을 빌기 시작했다. 기원전 766년이었다. 제우스 신에 대한 숭배와 축하로 시작된 이 제전은 적어도 서기 393년까지 4년마다 이 신성한 숲에서 열렸다.

한 줄기 빛이 쏟아지는 곳으로 걸음을 옮긴다. 헤라 신전의 제단에 일단의 주름진 치맛자락에 길게 땋은 머리카락을 말아 올린 여인들 모습이 눈부시다. 태양 빛이 직선으로 쏟아지면서 한 여인이 들고 있는 봉화에 불이 붙는다. 기원전 776년 최초의 올림픽이 열렸다. 제우스에 대한 숭배와 축하로 시작된 이 제전은 기원전 5세기 페이디아스란 조각가가 나타날 때까지 몇 가지 중요한 변화와 발전을 겪는다.

　기원전 6세기에는 두 개의 제전이 더 열렸다. 코린토스의 이스트미아 제전과 델포이의 퓌티아 제전이다. 제전은 다양한 경기와 종목으로 확대되었다. 이들은 공정한 경기를 보장하고 부정행위를 방지하기 위해 규칙과 규정을 공식화하기 시작했다. 심판과 임원들이 경기를 감독하도록 임명되었고, 규칙을 어기면 벌점을 받거나 실격이 될 수 있었다.

　기원전 5세기는 그리스의 황금기로 예술, 문화, 지적 성취가 번성했던 시기다. 아테네는 페리클레스의 지도하에 전례 없는 문화적 성장과 정치적 힘을 경험했다. 소크라테스, 플라톤, 아리스토텔레스와 같은 인물들과 함께 고전 그리스 철학이 등장했으며, 소크라테스는 윤리와 도덕 철학의 토대를 마련했다. 아이스킬로스, 소포클레스, 그리고 에우리피데스와 같은 극작가들도 나타났다. 조각가로는 아테네의 페이디아스 *Pheidias*가 단연 독보적이었다.

　올림피아 제전도 범그리스적인 행사로 발전했다. 아테네와 스파르타와 같은 경쟁 도시 국가들에 힘과 부를 과시하고 영향력을 보여 줄 기회였으므로, 단순히 종교적으로나 스포츠 경기로의 의미를 넘어 정치적으로도 중요했다. 제전을 위해 각 도시의 부호들은 봉헌물을 보냈으며 후원도 아끼지 않았다. 예술가, 시인, 음악가들을 불러들였다. 올림피아에서는 페리클레스 시대에 가장 위대한 조각가 페이디아스에게 제우스 동상 제작을 의뢰했다.

오래된 흔적들 사이로 한 발 한 발 옮긴다. 올림피아의 숲에 울려 퍼지는 소리를 듣는다. 쇠망치 두드리는 소리, 돌이 깨져 나가는 소리, 거친 숨소리가 가까워지자 정을 두드리는 한 인간의 모습이 떠오르면서 대리석 하나가 쩍, 하고 갈라지는 소리가 난다. 조각가 페이디아스다. 소식통에 따르면 페이디아스는 아테네에서 불미스러운 사건으로 추방당한 이후 올림피아에서 다섯 해째 작업에 매달리고 있다.

올림피아 경기장으로 가던 행인들도 걸음을 멈춘다. 그들은 페이디아스의 손길이 움직이는 대로 시선을 보내며 거대한 신상에 찬탄을 금치 못한다. 페이디아스는 아랑곳하지 않고 육체적, 지적 우수성을 구체화해 나갔다. 단순한 신체적 특징의 표현이 아니었다. 파르테논 신전의 아테네 여신을 만들어 낼 때처럼 신성과 인간성의 완벽한 본질을 구현하기 위해 이상적인 비율을 찾아내 가장 아름다운 인간의 모습을 강조했다. 페이디아스는 그렇게 신상에 호흡을 불어넣으며 자신의 작품 세계를 만들어 나갔다. 동료들도 동상에 황금을 입히고 상아와 금과 흑단과 같은 여러 가지 보석을 장식해 나갔다. 페이디아스는 그들을 뒤로하고 몇 발짝 물러나 올리브나무 그늘에 앉아 신상을 바라본다.

신전의 천장을 뚫어 버릴 만큼 웅대한 신상이 삼나무 왕좌에 앉아 위엄을 드러냈다. 13m 높이로 만들어진 제우스의 신상은 어깨부터 발목까지 단단한 근육이 잘 단련된 모습이며 오른 손바닥에는 승리의 여신 니케가 서 있다. 나머지 손은 황금 독수리가 내려앉은 장대를 쥐고 있다. 눈에는 보석이 박혔고 머리에는 은빛 올리브 화환이 있으며 그 밖에 드러난 살갗은 모두 상아로 만들어졌다. 페이디아스가 마지막 손질을 하고 그림과 보석으로 장식만 하면 될 일이었다. 페이디아스는 만족스러운 표정을 지으며 동료들에게 몇 가지 지시를 하고 자신의 작업장으로 간다.

공방에는 대리석과 돌을 깨는 정과 같은 여러 가지 조각 도구들이 널브러졌다. 황금과 다양한 테라코타를 다루는 주물도 있으며 여러 빛깔의 장식품과 심지어 코끼리의 어금니까지 놓였다.

페이디아스는 나무 그늘로 들어가 앉았다. 그의 손에는 검게 윤이 나는 술잔이 들려 있다. 페이디아스는 잔을 뒤집어 날카로운 도자기 조각으로 뭔가를 새겨 넣는다. 그때 제우스 신전에서 조금 떨어진 의회에서 일을 보던 올림픽 조직 위원들이 가던 걸음을 멈췄다. 그들은 의회의 집에서 선수들의 참가 자격을 심사하고 등록까지 마친 뒤 심판들과 함께 올림피아 제전을 주관하러 가던 참이었다. 그들 중 한 명이 페이디아스를 향해 말했다.

"신상을 흘끗 보는 것만으로도 모든 세속적인 갈등이 사라지는 기분이오."

그러자 곁에 있던 한 선수가 물었다.

"대체 무엇을 보고 만드는 거요? 제우스를 직접 만나 보기라도 했소?"

페이디아스는 잠시 생각에 잠기더니 고백하듯이 말한다.

"호메로스의 『일리아스』를 참고하여 만들고 있습니다."

이어서 그들 중 아테네 출신의 선수가 말한다.

"아! 신들의 제작자답소."

그는 비아냥거리는 투로 말을 이었다.

"파르테논 신전의 아테네 여신도 그렇지만 정말 소문대로 대단하오. 그런데 어쩌다 아테네에서 추방된 신세가 된 것이요?"

페이디아스는 아무 말 하지 않고 미소만 띤다. 그들은 헤라 신전을 지나 봉헌물과 재물로 가득 찬 12개의 보물 창고를 지나 주 경기장으로 향

**페이디아스의 잔(The cup of Pheidias),
올림피아 고고학 박물관**
잔은 제우스 신상을 제작했던 올림피아 공방에서 발견되었다. 바닥면에 '나는 페이디아스의 것'이라고 새겨졌다.

하는 수많은 인파 속으로 사라졌다.

페이디아스는 아치형으로 잘 다듬어진 스타디움 정문Stadium Gate으로 들어가는 사람들을 바라보면서 생각했다. 자신의 의지와 무관하게 자신을 따라다니는 좋지 못한 소문으로 영혼을 해롭게 만들어 예술적 감성을 훼손시키고 싶지 않다고. 페이디아스는 그렇게 생각하면서 술잔에 포도주를 따르고 단숨에 삼켰다. 검게 칠한 술잔이 햇살에 반짝인다. 페이디아스가 들어 올린 술잔 바닥에 새겨진 글자가 선명하다.

'나는 페이디아스의 것이다.'

사람들은 페이디아스를 '신들의 제작자'라고 불렀다. 페이디아스가 만든 제우스 상은 고대 그리스인들이 지금까지 실현한 것 중 가장 큰 동상이었으며, 동시대 사람들의 작품과 함께 고대 그리스 예술과 인문주의의 이상을 형성하는 데 결정적인 역할을 했다. 그런데 안타깝게도 올림피아에서 가장 유명한 제우스 신상이 여기 머무른 시간은 800년을 넘기지 못했다.

391년, 로마의 황제 테오도시우스 1세는 동상을 해체하고 금을 벗겨 내도록 명령했다. 더는 올림피아의 성스러운 숲에 가거나, 사원을 거닐 거나, 인간의 노동으로 만들어진 조각상을 경배할 수 없게 되었다. 테오도시우스 2세는 한술 더 떴다. 426년에 신전을 완전히 파괴하고, 가장 위대한 조각가의 아틀리에는 바실리카 교회 건물로 덮어 버렸으며 제우스 신상은 콘스탄티노플로 옮겨 갔다. 기록으로 확인할 수는 없었지만, 그마저도 474년에 큰 화재가 도시를 덮쳤을 때 파괴되었다고 전해진다. 어찌 되었든 올림피아의 그리스 최고 신은 핍박과 수난에 익숙한 그리

페이디아스 작업장(Workshop of Pheidias)
제우스 신전 서쪽에 있다. 조각품 제작에 사용된 도구와 페이디아스의 이름이 적힌 컵이 발견되었다. 435년에서 451년 사이에 초기 기독교 바실리카 교회가 세워졌으나 551년 지진으로 파괴되고 남은 폐허다.

스도교에 의해 핍박과 수난을 받았다는 사실은 확실하다.

신상은 사라지고 없다. 이제 고대 그리스에서 올림피아의 제우스 신상은 상상 속 신상이 되었다. 제우스의 동상이 남아 있다면 올림피아의 고고학 박물관은 프랑스 루브르 박물관 이상으로 사람들이 몰렸을 터다. 몹시 안타까운 역사다. 18세기 후반 『로마제국 쇠망사』를 집필한 에드워드 기번은 기독교로 인해 고대 그리스 천재들의 유산이 우상 숭배 파괴라는 명목으로 돌이킬 수 없이 사라졌다며 안타까움을 드러냈다. 만일 그리스인 조르바가 곁에 있다면 나는 대뜸 이렇게 물었을 것이다.

"어떻게 그 거대한 신상을 옮겨 갔을까요? 믿어지지 않아요!"

제우스 신전(Temple of Zeus)
고대 그리스 여행가 파우사니아스가 서기 2세기에 방문했을 당시 사원 높이는 20.7m이며, 너비는 29m, 길이는 70.1m였다고 한다. 그리스 본토에 있는 파르테논 신전의 규모와 크게 다르지 않다. 오늘날 제우스 신전은 522년과 551년의 지진에 의해 파괴된 잔해이다.

제우스 신상(Statue of Zeus)
고대 세계의 불가사의 중 하나로 높이가 약 13m였
으며 조각가 페이디아스가 완성하는 데 약 13년이
걸렸다. 지금은 흔적도 없으며 예술가들의 상상으로
만들어진 작품만 남아 있다.

조르바가 말한다.

"신이 옮겼소. '신' 말이요."

내가 말한다.

"신이라고요? 그들은 인간일 뿐 신이 아닙니다."

조르바는 수염을 한번 깨물더니 좀 더 심오하게 인간적인 의미를 담
아 설명한다.

"이보시오, 작가 양반! 인간 세계에서 신이라는 의미는 초월이며 광기
의 역사를 만들기도 한다오. 모든 시대에 그러했듯이, 신이라는 말을 갖
다 붙이기만 하면 못 할 게 없단 말이요. 이렇게 외치면 모든 것이 가능
하고 용서가 되는 겁니다. '오, 신의 이름으로!'"

올림피아 경기장
(Olympia Stadium)

| 고대 올림픽 풍경 |

올림피아의 '의회의 집'인 불레우테리온*Bouleuterion*에서는 올림픽 조직위원들이 펠로폰네소스를 포함한 전 그리스로 전령을 보냈다. 화관을 쓴 전령은 올림픽 제전을 공표했다. 선수와 관중은 안전하게 올림픽에 참가하고 평화롭게 이동할 수 있도록 무기를 내려놓고 손에 손을 잡았는데, 이는 일종의 휴전을 의미했다. 올림피아를 오가는 모든 방문객은 안전을 보장받았으며 전쟁은 중단되었다. 어떤 군대든 올림픽을 위협하는 것이 금지되었으며, 법적 분쟁과 사형 집행도 금지되었다. 올림픽 제전을 위해 만반의 준비를 갖췄다.

알티스 밖 올림피아의 너른 신작로는 축제 행렬이 시작되고 대지는 달아올라 뜨거운 공기가 가득하다. 백마와 경주마가 함께 전차 행렬을 만들고 지중해 각지에서 모여든 방문객들이 올림피아에 행렬을 이룬다. 상인들은 길가에 천막을 치고 좌판을 펼쳐 고기와 말린 씨앗, 황토로 빚어 만든 작은 신상을 판다.

신성한 울타리 알티스 안 김나지움^{Gymnasium}은 녹음으로 둘러싸였다. 잘 다듬어진 기둥이 길게 둘러싸인 마당은 근육질의 사내들 움직임으로 생동감이 넘친다. 조금 떨어진 또 다른 체육관, 팔레스트라의 모래 마당에 권투 선수와 레슬링 선수들의 몸짓과 함께 먼지가 피어오른다. 마당 한쪽에 자리한 욕조에서는 몇몇 사내가 벌거벗은 몸을 씻으며 마음을 정화한다. 평온을 유지하려는 표정이 곧 있을 제전을 앞두고 마지막 심신을 다지는 모습이다.

신성한 울타리 밖 알페이오스 강둑에 있는 목욕탕은 기름과 땀에 전 흙먼지를 긁어내는 구릿빛 피부의 사내들이 차지하고 있다. 다른 사내들은 햇살에 몸을 맡기고 풀밭에 누워 마사지를 받고 있다. 지나치게 한가해 보이는 모습이 마치 테르모필레의 협곡에서 긴 머리카락을 빗어 내리며 페르시아와 일전을 앞둔 스파르타 전사의 모습과 같다.

올림피아 경기장이 장엄한 모습으로 펼쳐진다. 스타디움^{Stadium}은 승마와 전차 경주를 제외한 달리기, 레슬링, 복싱, 판크라티온^{Pankration}, 펜타슬론이 열리는 주요 장소다. 직사각형의 경기장은 단단하게 다듬어진 흙으로 넓고 평평하며 탁 트인 공간이 고르게 채워졌다.

여기저기 흩어졌던 사람들이 솔밭길을 따라 하나둘 모여들면서 경기장을 중심으로 관중석을 가득 메우기 시작한다. 얼추 4만 5천은 되어 보인다. 제전의 분위기는 고조되었고 흥분으로 휩싸이기 시작한다. 군중은 뜨거운 열기로 호흡한다.

심판들이 연단에 섰고 심판대 맞은편 데메테르 샤미네 여신의 제단 Altar of Demeter Hamyne에 한 여인이 우아한 자태로 앉았다. 샤미네는 이곳 엘리스^{Elis}에서 숭배하는 여신이다. 경기를 관람할 수 있는 유일한 여인이자, 사제다. 심판은 제우스에게 선서하고 선수들은 정정당당히 싸울 것을 맹세한다. 이어서 경기에 참여할 선수들이 나타난다. 올리브 기름을 바른 선수들의 매끈한 몸이 햇살에 빛난다. 모두가 그리스 자유민이다. 긴장된 근육, 결연한 의지가 불타는 시선은 승리에 대한 자신감으로 가득하다. 관객들은 좌석에 앉아 운동장에 시선을 고정한 채 앞으로 몸을 숙인다.

요란한 트럼펫 소리가 올림픽 경기의 시작을 알렸다. 소리는 올림피아의 숲으로 퍼져 나갔다. 선수들은 우아하고 정확한 몸짓으로 온몸을 춤을 추듯 움직였다. 앞으로 솟구치고 뒤로 자빠지고 쓰러지기를 반복했다. 선수들이 체력의 한계까지 몸을 밀어붙이자, 우레와 같은 소리가 경기장 곳곳에 울려 퍼진다.

좀 더 떨어진 히포드롬에서는 경마 선수들이 먼지를 일으키며 곡예를 하거나 바람을 가르며 달렸고 전차를 모는 마부들은 채찍을 치며 말을 몰았다. 채찍을 휘두르고 고삐로 치며 맹렬한 기세로 전차가 질주하자 지축이 흔들렸고 관중은 자리에서 일어나 흥분을 감추지 못하고 열광했다.

심판은 누구의 불만도 최소화하려 애썼으며 선수들은 수년간의 혹독한 훈련으로 연마한 근육을 불태우며 정신력을 시험했다. 경기가 하나둘 끝나면서 승자는 패자를 위로하고 패자는 승자의 팔을 높이 들어 올렸다. 시상식 날이 되자 환호와 승리의 교향곡이 울려 퍼진다. 선수들은 승리와 영광의 상징인 올리브 가지 화환을 받고 땀으로 빛나는 몸을 돌려 관중을 향해 손을 흔들며 찬사를 즐긴다. 승자를 위한 연회가 이어지고 승자는 승리의 기쁨을 제우스에게 바쳤다. 올림피아 제전은 그렇게 막을 내렸고 이날의 승리자들은 올림픽 승리자 목록에 이름을 올렸다.

스타디움 입구
크로노스 언덕의 낮은 평지에 있으며, 알티스의 성역과 경기장을 연결하는 것은 둥근 아치형 통로다. 잘 보존되어 있으며 고대 그리스인들의 건축 미학을 볼 수 있다.

스타디움
결승선은 제우스의 제단을 향하고 있어 종교적 중요성을 강조했다. 제방으로 둘러싸여 있다. 관중을 위한 자리는 없으며 관리들을 위한 몇 개의 자리만 제공되었다. 경기장 트랙은 직사각형이며, 192.27m이다. 4만 명의 관중을 수용할 수 있는 규모다.

김나지움과 팔레스트라(Gymnasium and Palaestra)
그리스어로 나체라는 의미의 김나지움에서 체육관(Gym)이라는 단어가 유래했으며, 선수들은 육상 경기, 창과 원반던지기를 위해 훈련했다. 팔레스트라는 그리스어로 레슬링에서 유래했다. 주로 레슬링과 복싱 선수들이 이용했다.

그리스 세계가 하나로 통합된 국가였다면 하나의 통일된 제전은 필요 없었을지도 모른다. 그들은 서로 약탈하며 도륙을 일삼는 형국이었으나, 사실 늘 마음속으로는 평화를 기원하며 하나 된 정신을 갈구하고, 반칙이 없는 정정당당한 자신들의 모습을 되찾고 싶었는지도 모른다. 이러한 그리스 세계의 이상에도 불구하고 서기 393년, 그리스에서 벌어지는 모든 형태의 숭배는 이단의 행위가 되었다. 기독교를 지배적인 종교로 선포한 비잔틴 제국은 거대한 비전을 위해 신성을 망각한 채 신전을 불태우고 파괴했다. 올림피아 제전도 막을 내려야만 했다.

1,500여 년이 지난 1896년, 올림픽 경기는 부활했다. 올림픽은 그리스를 넘어 전 세계인의 스포츠 행사로 지금까지 이어지고 있다. 이러한 사실은 인류가 만들어 낸 가장 위대한 축제가 올림픽이라는 것을 증명하며 평화와 화합이 인류가 추구하는 가장 위대한 유산이라는 것을 보여 준다. 근대 올림픽의 창시자인 피에르 드 쿠베르탱*Pierre de Coubertin* 남작은 올림픽 정신에 대해 이렇게 말한다.

'올림픽에서 가장 중요한 것은 대회에서 이기는 것이 아니라 참가하는 것이다. 인생에서 가장 필수적인 것은 이기는 것이 아닌 얼마나 잘 싸우느냐입니다.'

올림피아
고고학 박물관

| 박물관 이모저모 |

올림피아의 숲을 빠져나왔다. 하늘은 푸르고 구름 한 점 없다. 해거름이 가까워져 온다. 여행에서 몸과 마음을 지치게 하지 않으려면 정화된 정신이 필요하다. 한낮의 태양이 등을 치면 그늘진 곳을 거니는 단순한 지혜가 필요하다. 무리하게 몸과 마음을 경멸할 필요가 없다. 천천히 아주 천천히 고고학 박물관을 끝으로 올림피아에서의 일정을 마무리하기로 했다.

얼마나 많은 도시를 다녔으며, 얼마나 많은 유적과 얼마나 많은 신전을 돌아보았는가. 고대 그리스 유적과 함께 거의 모든 도시는 자체적인 고고학 박물관이나 마찬가지였다. 고대와 현대가 공존하는 그리스 세계의 유물은 방대해서, 하나하나 나열하여 이야기할 수 없을 정도다.

가니메데스 "저와 함께 잠자리에 드는 걸 원하신다고요?"

제우스 "그렇다. 너같이 아름다운 소년일 경우에는 말이지."

가니메데스 "하지만 제가 아름답다고 해도 어떻게 당신이 더 잘 주무실 수 있다는 말인가요?"

제우스 "아름다운 소년은 달콤하고 부드럽지. 그리고 잠도 더 푹 잘 수 있게 해 주느니라."

가니메데스 "하지만 제 아버지는 저와 함께 잘 때마다 제가 이리저리 뒤척인다고 불평하셨는걸요. 저와 함께 자고 나면 아침에 일어나자마자 잠을 이루지 못했다고 짜증을 내셨어요. 그래서 보통 저를 어머니에게 보내 둘이 함께 자게 했답니다. 만약 그것이 당신이 저를 여기까지 데려온 이유라면, 아마 저를 지상으로 돌려보내는 것이 더 나으실 거예요. 저는 밤새 이리저리 뒤척이면서 당신을 잠들지 못하게 할지도 몰라요."

제우스 "그것이 내가 가장 좋아하는 것이다. 너는 계속 깨어 있는 채로 나에게 입맞춤하고 포옹해 주면 된다."

가니메데스 "신이 스스로 알게 될 일이겠죠. 함께 자고 키스하는 일은 당신에게 맡기겠어요."

루키아노스의 『신들의 대화』 중 제우스와 가니메데스가 나눈 대화다. 제우스의 머릿속은 음흉하고, 미소년 가니메데스는 천진난만하기만 하다. 호메로스와 그리스 신들을 조롱하기 위해 출판했다니 이야기가 그에 걸맞게 풍자적이다.

제우스와 가니메데스는 박물관에서 가장 먼저 눈에 띈 동상이다. 제우스가 가니메데스를 움켜쥐고 천상으로 향하는 순간을 묘사했다는 것을 단번에 알 수 있다. 루키아노스의 기록을 직접 만날 수 없었음에도 불구하고 많은 고전에서 참고하고 인용한 이 떠도는 이야기를 꺼낸 것은 무료할 수 있는 박물관 탐험의 분위기를 이 이야기를 통해 살려 보고자 한 것이다. 본인이 증명할 수 있는 것은 호메로스가 가니메데스를 모든 인간 중 가장 아름다운 미인이라고 묘사했다는 정도다.

제우스에게 납치되어 신들에게 술을 따르는 역할을 맡다가 하늘에서 물병자리가 된 가니메데스는 동성애의 상징이 되었다. 소크라테스의 두 제자 플라톤과 크세노폰이 제우스의 이 같은 음흉한 짓을 수습하느라 애를 먹는 모습이 흥미롭다. 플라톤이 크레타 제우스를 내세워 남성들의 동성애를 도덕적으로 합리화하려 한 것이다. 반면 플라톤과 함께 소크라테스 밑에서 수학한 크세노폰은 육체가 아닌 정신적인 사랑을 강조한 것이라고 플라톤의 주장을 반박하고 있는데, 상상은 우리 몫이다.

파이오니오스의 니케Nike of Paionios는 올림피아 고고학 박물관에서 자랑하는 또 하나의 동상이다. 올림피아의 신성한 숲에서 발굴되었는데, 섬세하게 제작되었다. 얼굴과 두 팔은 없다. 제우스에게 헌정된 신상이다.

올림피아의 고고학 박물관을 장식하고 있는 유물 중 올림피아의 숲 한가운데 가장 신성시되던 제우스 신전을 장식하고 있던 장식이다. 제우스 신전의 외부 앞뒤 삼각형 면을 구성하고 있는 조각들이다. 제우스를 중심으로 왼쪽은 펠롭스, 오른쪽은 오이노마오스가 전차 경주를 하고 있으며, 다른 면은 테세우스의 활약이 담긴 조각이 구성되어 있는데 그들 한가운데는 아폴론이 장식하고 있다. 어딘가를 가리키면서 반듯하게 선 표정이 합리와 절제의 신으로서 질서를 회복하겠다는 어떤 의지를 느낄 수 있다. 그 밖에 제우스 신전을 장식하는 헤라클레스의 열두 가지 노역을 묘사한 조각품들과 반인반마인 켄타우로스의 전투 장면이

올림피아 고고학 박물관
(Archaeological Museum of Olympia)
청동으로 만들어진 '세발솥'과 청동무구인 '정강이
받이'와 그 밖에 동이들

묘사된 조각품들에서 쾌락과 고통이 뒤섞여 운명에 저항하거나 맞서려
는 인간적인 광경이 목격된다. 제우스 신전을 장식한 조각들을 탐욕스
럽게 바라보던 니코스 카잔차키스는 극동의 한 현자의 말을 떠올린다.

'예술은 육체를 묘사하는 것이라기보다 육체를 형성하는 힘을 묘사
하는 것이다.'

그 밖에 올림피아 고고학 박물관의 대표적인 유물은 일상 생활용품과
무구다. 두 눈앞에 호메로스의『일리아스』나『오디세이아』혹은 투키디
데스의『펠로폰네소스 전쟁사』에 등장하는 생활용품과 무구들이 펼쳐
지자, 고전의 장면들이 생생하다. 투구는 말할 것도 없고 '정강이받이'도
장식용이 아니라 적의 무기로부터 정강이를 보호하기 위한 무구다.
　몹시 흥미로운 유물 하나를 찾아냈는데 기원전 490년 마라톤 전투의

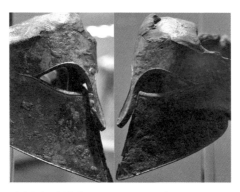

밀티아데스의 헬멧(Helmet of Miltiades)
기원전 490년, 마라톤 전투를 승리로 이끈 밀티아데스가 올
림피아의 제우스 신전에 봉헌한 헬멧이다.

영웅, 밀티아데스*Miltiades*의 헬멧이다. 나를 좀 더 흥분하게 만든 사실은
아테네 장군의 투구가 올림피아의 제우스 신전 폐허에서 발견되었다는
것이다. 밀티아데스의 헬멧 발견은 세계사 전체를 통틀어 가장 중요한
고고학적 발견 중 하나로 여기고 있다. 마라톤 전투에서 페르시아를 대
패시키고 승리의 영광을 제우스에게 봉헌한 것을 알 수 있다. 헤로도트
스는 '밀티아데스가 제우스에게 [그것을 바쳤다'고 기록했다.

　고대 7대 불가사의 중 하나로 알려진 제우스 신상은 박물관에서도 만
날 수 없었다. 그나마 페이디아스의 술잔은 많은 상상과 추측을 사실로
증명했다. 이처럼 고대로부터 남겨진 흔적을 찾아다니며 삶의 궤적을
하나하나 만나는 이야기란! 누구도 찾을 수 없고, 볼 수도 없었던 존귀
한 보물을 만나는 기분이며, 설명하기 어려운 희열이 있다.

　박물관을 빠져나와 낮은 언덕을 내려온 나는 올림피아 거리가 훤히
내다보이는 카페에 앉았다. 햇살에 온몸을 드러내고 흡족한 마음으로
가만히 앉아 커피를 마신다. 주민 중에는 이곳을 찾는 여행객을 상대로

니코스 카잔차키스 무덤
(Nikos Kazantzakis Grave)
카잔차키스는 그리워하던 고향 크레타 이라
클리오에 안치되었다. 그의 무덤은 그리스의
정신적 상징이 되었으며, 호메로스부터 베르
그송과 니체, 그리고 요르고스 조르바에 이
르기까지 인간의 한계를 극복하려는 자유로
운 영혼에 대한 그의 갈망은 그를 추모하는
세계의 순례자들을 불러들였다. 그들은 순례
자들처럼 카잔차키스의 묘지에 맨발을 디디
고 묘비에 입을 맞춘다. 20세기 가장 위대한
그리스 작가, 니코스 카잔차키스의 비문은
그의 사상과 철학, 이념, 생애와 문학세계가
그대로 담겼다. '나는 아무것도 바라지 않는
다. 나는 아무것도 두려워하지 않는다. 나는
자유다.'

생활을 꾸리는 상인과 숙박업에 종사하는 사람이 대다수 같다. 인상은
밝고 따뜻하다. 나머지 사람들은 여행객 차림이고 몸짓은 여유롭고 밝
고 자유롭다.

가만히 앉아 올림피아의 거리를 바라보며 '신성한 숲'을 둘러본 시간
을 돌아보니 신의 축복과 구원을 받은 듯 한 뼘 더 자라난 기분이 든다.
동시에 어떤 사상과 이념, 종교적인 구속과 얽매임이 없는 또 다른 자유
로운 한 예술가의 영혼을 기억한다. 니코스 카잔차키스가 이곳을 다녀
가고 어언 100여 년이 지났다.

수난과 핍박을 받은 것은 필경 올림피아의 고대 그리스 세계 신들만
이 아니었다. 1937년 9월, 펠로폰네소스 여행을 마친 카잔차키스는 아
이기나섬에서 '호메로스 이후의 최고의 초상'이라 찬사를 받는 『오디세
이아』를 일부 완성했다. 1947년, 그의 나이 64세에 『그리스인 조르바』가

프랑스에서 출간된다. 그로부터 4년 후, 68세에『최후의 유혹』초고를 완성한다. 하지만 로마 가톨릭교회는『최후의 유혹』을 금서 목록에 올린다. 이어서 소설『미할리스 대장』도 그리스 정교회의 비난을 받는다. 카잔차키스가 수난과 핍박을 받은 이유는 신성 모독이다. 71세의 카잔차키스가 바티칸과 그리스 아테네 정교회 본부에 보낸 '주여! 당신에게 호소합니다'라고 시작되는 편지는 '성스러운 사제들'에게 보내는 것이었다. '성스러운 사제들이여, 여러분은 나를 저주하나 나는 여러분을 축복합니다.' 이렇게 쓰인 편지는 짧게 끝을 맺었다. 그만큼 의미심장하기도 했다. 그는 이렇게 쓴다.

'여러분께서도 나만큼 양심이 깨끗하시기를, 그리고 나만큼 도덕적이고 종교적이시기를 기원합니다.'

올림피아의 헤라 신전

Temple of Hera at Olympia

올림피아는 그리스의 중서부, 펠로폰네소스반도 서부에 자리 잡고 있다. 아테네 국제공항에서 올림피아까지는 차로 약 320km이며, 이동 시간은 대략 3시간 30분에서 4시간 정도 소요된다. 버스는 아테네의 KTEL 버스 터미널에서 올림피아로 가는 버스가 있다. 일부 기둥이 위용을 자랑하는 제우스 신전이 있으며 헤라 신전은 지금까지 올림픽의 성화가 점화되는 장소로 쓰이고 있다.

5장

서양 인류 문명의 출발점,
에피다우로스

아스클레피오스
(Asclepius)

| 사람을 섬기는 신 |

　펠로폰네소스의 동남쪽 에피다우로스로 향했다. 에피다우로스에는 여러 가지 복합 의료 시설이 있는 일종의 힐링 센터, 아스클레피오스 성전이 있다. 버스는 구불구불한 길을 따라 높은 산과 낮고 푸른 언덕을 오르내리며 달렸다. '돌봄'과 '치유' 하면 떠오르는 이야기가 있다. 문명의 기원에 대한 한 학자의 의견이 새삼 흥미로워 기억에 담아 둔 이야기다.

　한 학생이 미국 출신의 문화인류학자 마거릿 미드*Margaret Mead*에게 "고대 문명의 첫 징조로 여기는 것이 무엇인가"를 물었다고 한다. 그러자 마거릿 미드 이렇게 대답했다.
　"고대 문명의 첫 징조는 부서졌던 대퇴골이 치유된 흔적이죠."
　이어서 그녀는 이렇게 말했다.

"고통을 겪고 있는 누군가를 돕는 것이 문명의 출발점입니다."

대개 석기 시대, 청동기 시대, 철기 시대와 같이 시대별로 발견된 유물의 소재에 따라 그 문명의 기원을 연구해 나가는 것이 보편적이다. 그런데 인류의 기원을 조금 다른 시각으로 접근한 견해에 뜻밖에 인간적이라고 느꼈다. 출처가 불분명하지만 문명의 개념과 공동체의 중요성을 설명하기 위한 사례로 전해지는 이야기다.

버스는 잿빛 바위투성이에 올리브 밭이 펼쳐진 가파른 길을 기어올랐고, 매끈하게 뻗은 길을 미끄러지듯 달리기도 했다. 빼곡하게 솟은 삼나무 숲이 있는 계곡을 빠져나오면 낮은 언덕에 양 떼가 구름처럼 능선을 오르는 모습도 보였다.

고대 그리스의 또 다른 도시 에피다우로스로 향하는 차창 밖의 풍경에서 눈을 떼지 못한 채 '보살핌', '돌봄', '치유'와 같은 여러 가지 생각이 복잡하게 머릿속을 들락거리더니 이윽고 어린 시절 통증의 기억을 불러일으켰다.

어린 시절 몸속 깊은 곳부터 강한 소독제 향을 풍기며 병원에서 보냈던 기억이 있다. 생존율 5% 전이암까지 갔던 아내의 투병을 지켜보았던 고통스러운 기억도 생생하다. 고통에 신음하며, 배를 움켜쥐고 식은땀 흘리며 잠 못 이루던 나날들…. 질병이란 살아 있는 모든 종을 공격하는 것이며, 어떤 생명체도 예외가 될 수 없다는 것을 증명이라도 하듯 우리는 같은 부위에 비슷한 흔적을 남겼다.

내 경험으로 미루어 볼 때, 생명을 위협하든 그렇지 않든 물리적 고통만큼 괴로웠던 기억은 없었다. 고통으로부터 해방시켜 준 건 의료진과 가족의 돌봄이었다. 만일 그들의 돌봄이 없었다면 우리는 이미 알 수 없는 미지의 세계를 떠돌고 있을지도 모를 일이다. 그런 까닭일까. 에피다우로스로 향하는 내내 신체적으로 가장 고통스러웠던 먼 기억이 머릿속을 차지했다.

버스는 에피다우로스의 고고학 유적지 입구에서 멈췄다. 항구도시 에피다우로스에서 내륙으로 8km 정도 더 들어온 것이다. 몇몇 여행자가 함께 내렸다. 약간의 입장료를 지불하고 여행을 시작했다.

숲으로 들어가는 입구에 두 개의 기둥이 지지하고 있는 안내 표지에는 네 개의 이정표가 한 방향을 가리키고 있다. 고고학 유적지, 극장, 고고학 박물관, 레스토랑과 카페를 제외하면 모두 의술의 신, 아스클레피오스*Asclepius*와 관련 있는 유적지로 아스클레피오스의 성역을 구성하고 있는 중요 흔적들이다. 현대와 고대의 문턱을 넘어 신성한 숲으로 들어간다.

파란 하늘 위로 끝 간 데 없이 오른 태양은 그리스의 저 먼 곳으로 하얗게 뻗어 있다. 미려한 자태로 천정도 담벼락도 없이 솟아오른 하얗고 둥근 기둥은 우아하고 아름답다. 보이는 것은 파란 하늘에 떠다니는 구름이며, 허물어져 스러져 버린 대리석 기둥과 지붕과 벽은 여기저기 흩어져 신전의 기둥과 함께 초원 위에 반짝인다. 모두가 입을 꼭 다물고 집단으로 악기를 연주하는 모습이 잘 조화된 오케스트라 같다.

이 모든 흔적은 고대 그리스 세계의 돌봄과 치유에 대한 증명이다. 병에 쓰러진 이들은 재단 앞에 무릎을 꿇고 기도했을 것이며 찢어지는 고통을 이겨 내지 못하고 울부짖었을지도 모른다. 다른 한쪽 내실에서는 산고의 고통에 호소하는 여인의 울부짖음으로 성스러운 땅을 울렸을지

아스클레피오스
에피다우로스의 고고학 박물관에서 볼 수 있는 여러 동상 중 가장 으뜸으로 보이는 모습이다. 대리석으로 깎고 다듬어진 전신상이며 아스클레피오스의 상징인 올리브나무 지팡이를 뱀이 휘감고 있다.

모른다.

물론 실제로는 어떤 소리도 들리지 않지만, 이 풀밭에 발을 딛고 신전 기둥으로 다가가 손을 얹으며 그때 그 시절 쓰인 이야기를 근거로 여행 중이니 이러한 나의 상상력은 지나침이 아니며 의심할 것 또한 없다. 전쟁통에 쓰러지거나, 팔다리가 잘려 나갔거나 혹은 정신이 나간 환자들까지도 이곳을 찾은 사람들은 돌봄과 보살핌을 받고 고통으로부터 해방을 찾았다. 마거릿 미드의 의견대로 '사람을 치료하고, 보살폈다는 치유의 증거가 문명의 출발점'이라면, 이 성스러운 치유의 땅, 에피다우로스야말로 그리스 세계를 넘어 유럽 문명의 출발점이라고 말할 수 있다.

이 신성한 사원에서 경외심으로 고대 그리스 신화의 세계까지 거슬러 올라가 기록을 살펴본다. 어떤 까닭으로 아스클레피오스는 의술의 신이 되었으며 어떠한 연유로 이곳이 성소가 되었을까? 아스클레피오스는 누구인가?

아스클레피오스는 호메로스 서사시『일리아스』에도 이상적인 그리스의 의사로 언급되고 있다. 그리고 기원전 2세기 알렉산드리아의 대학자 아폴로도로스의『비블리오테케*Bibliotheke*』의 기록에 의하면 아스클레피오스의 탄생 과정과 의술을 익히게 된 경위를 이렇게 설명한다.

'아폴론이 코로니스를 사랑하여 곧장 그녀와 교합했으나 그녀는 아버지의 뜻에 반해 카이네우스와 형제간인 이스키스를 더 좋아하여 그의 아내가 되었다고 한다. 아폴론은 이에 분개해 소식을 전해 준 까마귀를 저주하며 그때까지는 희었던 것을 검게 만들었고 코로니스를 죽였다. 그녀가 화장되고 있을 때 아폴론이 장작더미에서 아이를 꺼내어 켄타우로스족인 케이론에게 데려갔다. 그러자 케이론이 그를 양육해 주고 의술과 사냥의 기술을 가르쳐 주었다.'

조금 더 흥미로운 건, 지금도 세계보건기구나 대한의사협회, 국군의무사령부를 상징하는 휘장을 보면 지팡이를 휘감은 뱀의 이미지를 공통적으로 그려 넣었다는 것이다. 이는 아스클레피오스를 상징하는데, 구체적인 출처는 알 수 없으나 지팡이와 한 마리 뱀이 아스클레피오스의 상징이 된 이유를 설명하는 대표적인 신화가 있다.

아스클레피오스가 제우스에게 벼락을 맞아 죽은 환자를 치료하던 중에 뱀 한 마리가 방 안으로 들어왔다. 이에 깜짝 놀란 아스클레피오스가 자신의 지팡이를 휘둘러 그 뱀을 죽였다. 그런데 잠시 후 또 한 마리의 뱀이 입에 약초를 물고 들어와 죽은 뱀의 입 위에 올려놓았다. 그러자 죽었던 뱀이 살아나고, 이것을 본 아스클레피오스는 뱀이 했던 대로 그 약초를 글라우코스의 입에 갖다 대어 그를 살려 냈다. 이후 존경의 의미로 지팡이를 휘감은 한 마리의 뱀을 상징으로 삼았다는 것이다.

이런 신화적인 이야기가 사실인지 알 수는 없다. 하지만 가끔은 신화가 역사가 된다는 사실도 우리는 트로이 신화에서 보았다. 어쩌면 아스클레피오스의 탁월한 의술에 주술적인 이야기를 만들어 신격화한 것일지도 모른다. 나는 그렇게 믿고 있다. 아스클레피오스는 기원전부터 유능한 의사의 대명사였고 의학의 상징적 존재가 되었으며 그의 출생지인 에피다우로스는 의술의 성지가 된다. 그런 면에서 에피다우로스의 신성한 숲으로 여기는 아스클레피오스 성소는 서양 인류 문명의 출발점이나 다름이 없다. 분명한 것은 이곳 에피다우로스의 아스클레피온(아스클레피오스 성역)에서는 고통 속에 있는 누군가를 누군가 도왔다는 사실이다. 그런데 이 신전에서는 신이 분명 사람을 섬겼다.

아스클레피온
(Asclepion)

| 아스클레피오스 성소 |

이곳은 사람이 신을 모신 신전이 아니다. 신이 사람을 모셨다. 아스클레피온은 의술의 신 아스클레피오스에게 봉헌된 신전으로 에피다우로스에만 있는 것이 아닌, 고대 그리스 세계에 분포된 신전이다. 가장 번성한 곳이 에피다우로스의 아스클레피온 신전이었다. 아스클레피오스의 치유에 대한 숭배는 기원전 3000년경까지 거슬러 오르지만, 절정에 이른 시기는 고대 그리스 문명의 변화와 다르지 않다. 그리스 도시 국가가 가장 번영했던 기원전 4세기와 3세기쯤이다. 번영과 함께 도시 국가들은 서로 경쟁하며 전쟁도 서슴지 않았으니, 그에 따른 의술의 발전은 당연했다.

에피다우로스의 아스클레피온 신전은 톨로스*Tholos*와 연회를 위해 쓰인 헤스티아토리온*Hestiatorion*, 그리고 숙소로 제공된 카타고지온 *Katagogion*, 치료실과 같은 아바톤*Abaton*이 조직적으로 종합 의료단지를 구성하고 있다.

톨로스는 고대 그리스어로 '둥근 건물'을 의미하는데, 돌로 된 넓은 원형 건물로 저승의 신들에게 제물을 바치는 곳이라는 주술적 추측이 있으나 확실한 기록은 없다. 뱀이 똬리를 틀 듯 지어진 모양새 때문에 정신 질환자의 치료를 위한 신성한 뱀을 보관했던 지하 공간이라는 설도 있지만, 역시 가설일 뿐이다. 순례자들을 위한 숙소로 제공된 요양원 시설 카타고지온은 기초와 잔해만 남아 있지만, 크기가 다른 방이 160개였다고 하니 아스클레피오스의 성역이 얼마나 번성했는지 짐작할 수 있다.

아스클레피온 신전의 거의 모든 시설은 폐허로 남았으며 남은 것들도 고작 기둥과 기단 정도다. 조금 떨어진 성역의 남쪽에 스타디온이 있으며 아스클레피오스의 성역에서 가장 아름답게 보이는 기둥이 있다면 그것은 분명 성역의 중요 건축물 중 하나로 일부 복원된 것이다. 그 밖에 눈에 띄는 건물의 폐허가 있다면 아바톤이다. 아바톤은 아스클레피오스 성역의 가장 두드러진 건축물이다.

천정도 벽도 다 사라지고 건물의 한쪽 면을 지지하던 기둥이 전부이지만 미려한 자태가 우아하고 아름답다. 산책하듯이 아바톤 주랑을 따라 걷다가 회랑이 끝나는 곳에서 한 뼘 건물의 형태가 남은 곳으로 들어갔다. 무엇을 보겠다는 호기심보다는 그늘을 찾아서 들어간 것이다. 축축한 기운과 함께 시원한 그늘이 있었다. 두 개의 부조가 걸려 있다. 흥미로운 이야깃거리를 찾아냈다는 생각에 기뻤다. 두 개의 부조물을 면밀히 살피고 사진으로도 담았다. 하고 싶은 말을 자신 있게 할 수 있는 증거를 찾아낸 것이다.

아바톤
환자가 자는 동안 아스클레피오스가 직접적인 접촉을 통해 그들을 치료하는 기숙사로 사용되었다. 멀리 주랑이 펼쳐진 곳이 아바톤이다.

아바톤의 두 개의 대리석 부조
부조는 각각 치유와 출산에 대한 묘사로 고대 그리스의 의학 관행을 보여 주고 있다. 아스클레피오스의 의학이 주술적이며 신화적인 믿음에 바탕을 두고 있었다는 것을 엿볼 수 있다.

'발가락에 상처를 입은 사람이 뱀에게 물려 치료받았다. 성전의 종들이 그를 옮겨 자리에 앉혔을 때 그는 끔찍한 상태에 있었다. 그가 잠이 들었을 때 뱀이 아바톤에서 나와 혀로 발가락을 치료하고 다시 아바톤으로 돌아갔다. 환자가 깨어나 자신이 나았다는 것을 깨달았을 때 그는 꿈에서 잘생긴 청년이 자기 발가락에 약을 바르는 것을 보았다고 말했다.'

첫 번째 부조에 따르면 이곳에서는 영적 치유와 함께 의료 행위가 수행되었다. 아스클레피온 신전에서는 운동·목욕·식이요법·약학·치유 요법이 제공되었고, 수술이 필요한 심각한 상태의 환자는 환각이나 마취 상태에 이르게 한 다음 외과 수술도 했다는 것이 여러 의료 기구의 발굴과 함께 증명되었다. 환자가 고통으로부터 해방되거나 건강을 회복하면 다양한 형태로 신에게 감사를 표하는데, 조각상을 봉헌한다든가 직접 금전을 기부하기도 했다. 아바톤의 한쪽 벽을 차지하고 있는 부조도 그러한 것 중의 하나일 수도 있다.

이곳에서 출산도 행해졌다는 것을 두 번째 비문에 새겨진 부조를 통해 알 수 있다. 안드로마케라는 한 여인이 자식을 낳기 위해 신전을 찾았다. 그녀는 먼저 사제의 안내에 따라 목욕하고, 정화된 몸과 마음으로 귀금속 장식도, 허리띠도 없는 순백의 키톤을 걸치고 신전 제단에 순백의 제물을 바친다. 출산을 위한 첫 번째 과정이다. 이어서 그녀는 둥근 기둥이 떠받친 아바톤의 본관으로 들어가 침상에 누워 밤을 보낸다. 학자들에 의하면 부조에 새겨진 내용은 다음과 같다.

'에피루스의 안드로마케, 자식을 얻기 위해 신전에 왔다. 그녀는 아바

톤에서 잠이 들었고, 꿈에서 신이 손으로 그녀의 배를 만진 후에 잘
생긴 소년이 자기 드레스를 들어 올린 것 같았다. 이 꿈을 꾸고 안드
로마케에게서 남편 아리바스의 아들이 태어났다.'

아바톤의 의료 활동을 가만히 보면, 인간이 신을 섬겼다기보다는 신
이 인간을 섬긴 성소나 다름없었다. 하지만 제우스 신전이 파괴되었던
것처럼 에피다우로스의 신성한 숲도 파괴되었다. 로마의 테오도시우스
1세가 이교도 숭배를 금지하고, 테오도시우스 2세가 성소를 파괴하라
명령하면서 이곳도 문을 닫아야 했다. 이로써 그리스인들에게 정신적·
물리적 고통을 해소시키고 건강과 풍요와 행복을 안겨 주며 인간을 보
살피는 신의 돌봄도 멈추었다.

뱀주인자리

| 별자리, 아스클레피오스 |

제우스 "네가 죽은 자까지 살려 냈느냐?"

아스클레피오스 "네, 그렇습니다."

제우스 "신의 뜻을 거역한 일이라는 것을 아느냐?"

아스클레피오스 "네, 그러하옵니다."

제우스 "신의 뜻이 하늘의 뜻이라는 것도 아느냐?"

아스클레피오스 "네, 그러하옵니다."

제우스 "하늘의 뜻을 거역한다는 것이 어떤 일인지도 알고 있겠지."

아스클레피오스 "네, 그렇습니다."

제우스 "하늘의 뜻을 거스른다는 것은 무엇이더냐?"

아스클레피오스 "우주의 질서를 어지럽힌 것입니다."

어린 시절부터 치유 기술에 탁월한 재능이 있었던 아스클레피오스는 의사가 된 뒤에도 환자들을 돌보았기 때문에 인간들 사이에서 존경받아 마땅했지만, 문제가 있었다. 인간에 대한 한없는 연민이었다. 그는 누구도 죽지 않게 할 뿐 아니라 죽은 사람까지도 일으켜 세웠다. 죽은 자를 살리는 문제에 있어 융통성과 관용은 이치에 어긋나는 것이었으니 제우스의 분노를 살 수밖에 없었다.

넓게 펼쳐진 수풀로 난 길을 따라 타박타박 걸었다. 에피다우로스의 신성한 숲은 고요하고 온유하며 부드럽다. 상처 입은 육체를 달래며 지친 영혼을 위로하기 좋은 안식처 그 자체다. 작은 수풀을 툭툭 치며 걷자 윙윙거리는 풀벌레 소리와 함께 흥미로운 신화의 속삭임이 공중에 떠다닌다.

"형제들이여, 제우스와 아스클레피오스의 이야기를 들어 봤소?"

암피아라오스가 사제들을 향해 말했다.

"아스클레피오스는 의학 기술에서 따라갈 자 없는 재능 있는 의사였소. 그의 의술은 비길 데 없었고, 누구도 치료할 수 없는 상처를 치료할 수 있었소. 그러나 그의 가장 놀라운 능력은 죽은 자를 살려 내는 것이었다오."

사제들은 귀 기울이다가 웅성거리며 말했다.

"스승님보다 더 위대한 의술을 가진 분이 또 있었나요?"

그러자 암피아라오스가 말했다.

"아스클레피오스를 따라갈 자는 없소. 실제로 아스클레피오스는 하데스로 들어간 사람들을 구할 만큼 대단했다오. 그는 인간에 대한 연민으로 지하 세계로 들어간 사람들까지 다시 불러들였소. 그런데 그만 제우스의 눈에 띄었소."

"제우스가 아스클레피오스의 인간에 대한 연민에 감탄했을까요?"

누군가 이렇게 물었다. 그러자 암피아라우스는 고개를 끄덕이며 말했다.

"처음에 제우스는 아스클레피오스의 자비에 감탄했소. 되찾은 영혼들이 살아서 가족의 품으로 돌아가게 되면서 삶을 기쁨으로 채웠기 때문이오. 하지만 삶과 죽음 사이의 균형이 흔들리기 시작하자 제우스는 불사가 재앙으로 다가올 것을 걱정한 것 같소."

"그래서 제우스가 아스클레피오스를 어떻게 했나요?"

"제우스는 아스클레피오스를 올림포스로 소환했소. 제우스는 우주의 조화가 깨지지 않도록 죽은 자들을 부활시키는 것을 그만두라고 경고했소. 하지만 아스클레피오스는 인간들의 고통을 외면할 수 없었기 때문에 자신의 임무를 계속했다오."

한 사제가 호기심에 몸을 앞으로 내밀고는 물었다.

"아스클레피오스의 반항에 대한 제우스의 반응은 어땠을까요?"

"아스클레피오스의 계속된 행동에 화가 난 제우스는 극단적인 조치를 결정했소. 신을 거역한다는 것은 곧 죽음 아니오? 결국 제우스는 아스클레피오스에게 번개를 쳤소. 그는 죽었고 하늘도 눈물을 흘렸소."

침묵이 흘렀다. 암피아라오스는 다시 말을 이었다.

"하지만 그것이 아스클레피오스의 끝은 아니오. 아스클레피오스는 죽음으로 형태는 사라졌지만, 그의 영혼은 살아남아 밤하늘의 별자리가 되었다오. 그의 정신은 지속되었고, 이곳 에피다우로스에 있는 사원이 그의 치유 능력의 증거로 서 있는 것이오."

그는 손을 뻗어 검고 먼 하늘을 가리키며 말했다.

"저기 저 별자리가 아스클레피오스의 별자리라오."

제우스는 아스클레피오스를 처벌함으로써 인간은 신의 뜻에 도전하거나 우주의 자연적 질서를 훼손해서는 안 된다는 원칙을 확인시켰다. 하지만 그의 의술만은 기리고 싶었는지 별자리를 만들어 하늘에서 영원히 빛나게 만들었다. 별이 총총히 빛나는 밤, 모두가 고개를 들어 밤하늘을 바라보았다. 달빛이 사원을 은은한 빛으로 목욕시키자 사제들은 아스클레피오스의 비극적이면서도 영웅적인 행동을 곰곰이 생각하며 깊은 사색에 빠졌다. 까만 밤, 남쪽 하늘 위로 뱀주인자리, 의술의 신 아스클레피오스의 별자리가 반짝이고 있었다.

에피다우로스 극장

| 위대한 풍경 |

아스클레피온 신전을 중심으로 복합적인 건물들은 아름다운 폐허로 남았다. 하지만 땅바닥을 파헤쳐도 없앨 수 없는 것이 스타디움이다. 그리스 세계를 무자비하게 엉망진창으로 만들어 놓은 로마의 테오도시우스 부자도 이곳은 어쩔 수 없었던 것 같다. 이내 에피다우로스의 고대 극장으로 향했다.

의사들과 병을 고치기 위한 환자들이 잇따라 에피다우로스를 찾으면서 이곳은 운동장과 극장, 성소가 결합한 고대 그리스 의학의 중심지로 발전했다. 극장은 종합적인 치유 시설 중의 하나였다.

얼마나 견고하고 단단하게 지었는지 테오도시우스 2세도 극장은 어쩔 수 없었던 것 같다. 그렇지 않았으면 극장은 순수한 예술의 전당 정도로 넘겨졌을지도 모를 일이다. 극장은 수천 년 지난 지금까지 원형 그대로이다.

에피다우로스 극장

극장은 아스클레피오스 성역에서 200여m 떨어져 있다. 현존하는 고대 그리스 원형 극장 가운데 가장 보존이 잘 되었고, 오늘날에도 연극과 콘서트가 개최되는 원형 경기장으로 우수한 음향을 자랑하고 있다.

몇 걸음 서성이다가 피라미드처럼 쌓인 층계를 하나둘 밟고 올랐다. 극장의 가장 높은 곳으로 올라 좌우로 길게 이어진 고색창연한 돌의 계단에 앉았다. 여섯 개의 언덕이 먼 곳까지 펼쳐졌다. 가장 먼저 편백과 소나무 숲이 빼곡하게 들어섰으며 그 너머로 올리브나무가 전부인 언덕이 이어졌고 더 멀리 벌거숭이산이 창백하게 파란 하늘과 경계를 이루고 있었다.

"아아-아아-!"

누군가 극장 한복판에 서서 소리를 내고 있었다. 같은 일행으로 보이는 또 다른 사내가 소리쳤다. 그가 자리를 비켜 주자, 한 소녀가 동전 같은 것을 대리석 판에 떨궜다. 모두 극장의 음향을 직접 체험해 보고 싶었던 까닭일 것이다. 소리는 극장 꼭대기 끄트머리에 앉은 나에게까지 전달되었다. 사내의 목소리는 근엄하게 울렸고 금속이 떨어지는 소리는 울림이 맑고 깨끗하다. 소리는 이 벽 저 벽을 치고 돌아 메아리치더니 부드러운 바람과 함께 서서히 사라졌다.

무대 한편 우뚝 솟은 그림자 속에서 극작가 아리스토파네스의 혼령이 서성이며, 무대에서는 주름진 키톤 의상을 입은 일단의 배우들이 합창하는 모습이 어른거린다. 음악이 울려 퍼지고 목소리가 울린다. 시간의 흐름에도 불구하고 예술의 아름다움과 경이로움은 지속된다. 이곳에서 기원전 405년에 아리스토파네스의 희곡《개구리》가 초연을 했다. 아리스토파네스는 자신의 희곡《구름》을 통해 소크라테스의 변론술까지 농락할 정도였으니 고대 그리스의 문제를 그처럼 심오하고 해학적으로 풍자하며 또 익살스럽게 질타한 작가는 없었다. 더 놀라운 것은 2,500여 년 가까이 그의 작품《개구리》가 이곳에서 상연되었다는 사실이다.

장대하면서도 섬세하고 우아하게 잘 다듬어진 돌의 극장은 과거와 현재가 유기적으로 연결되어 여전히 음악과 드라마의 소리로 활기를 띠고 있다. 장식에 과도함이 없으며 자연을 거스른 것도 없이 웅대하면서도 정교하게 만들어진 돌의 무대는 흔적이라기보다는 장엄한 서사이며 시공을 넘나든 위대한 예술성에 대한 열정이자 증거다. 물질로서의 가치와 예술혼이 만나 새로운 세상을 창조한 것이다.

중년의 사내가 어깨에 촬영 장비를 갖춘 핸드폰을 부착하고 이리저리 방향을 틀며 극장을 찍고 있었다. 빨간 야구 모자를 쓰고 짧은 바지 아래로 털이 숭숭 나 있는 피부를 드러낸 사내에게 친근감이 느껴졌다. 같은 모습 같은 형식으로, 한결같이 기쁨에 굶주린 사람마냥 마구 외치고 마구 웃어대며 몰려다니는 사람들과는 전혀 다른 모습이라고 생각했다. 세상은 파란 눈과 갈색 눈, 또 흰 피부와 누런 피부, 납작한 코와 오뚝한 코 등으로 수많은 종족과 인종을 나눈다. 반면 동질의 감정과 느낌으로 동족 의식을 가지는 경우는 드물다. 위대한 사람까지는 아니어도 최소한 자신의 시간을 누릴 줄 아는 사람, 나는 이런 사람을 보면 동족 의식을 느낀다. 그를 바라보며 수염이 덥수룩한 그리스인 조르바를 생각했을지도 모른다. 그는 그리스인 조르바가 산투르를 연주하듯, 누구의 소리도 들을 수 없고 말도 할 수 없을 정도로 혼자만의 놀이에 푹 빠져 있어 보였다. 말 그대로 조용한 열정에 빠진 상태였다. 그의 일거수일투족을 구경하다가 질세라 어깨에 걸친 사진기를 들어 뷰파인더에 한쪽 눈을 파묻고 셔터를 누르자 그가 말을 걸어 왔다. 우리의 입을 열게 만든 것은 소리 없이 진행된 공통된 작업이었으며 중간중간 주고받은 미소였다. 그는 아테네 출신의 드미트리라는 이름을 가진 57세의 신사였다. 가볍게 몇 마디 주고받는 중에 그가 조금은 진지한 표정으로 말했다.

"이 위대한 풍경을 보면 인간적이지 않소?"

중저음의 낮은 목소리로 그가 말을 이었다.

"수 세기가 흘러도 상처를 입지 않았소. 우리 조상이 했던 것과 똑같은 일을 같은 장소에서 한다는 느낌을 어떻게 설명할 수 있겠소? 기원전 4세기 사람들과 함께 같은 자리에서 같은 공기를 마시며 그때 만들어진 이야기를 여기 이 극장에서 공연으로 올린다고 생각해 보시오. 생각만 해도 놀랍지 않소!"

에피다우로스
고고학 박물관

| 정교하게 잘 정리된 증명들 |

'그리스 이야기는 역사와 신화에만 있는 것이 아니다. 분명히 우리의 영혼을 풍요롭게 하는 무엇인가 있다. 낯선 도시와 바다와 산을 바라보며 교감하지 않는 여행객은 누구도 없다. 주변을 둘러싼 풍경과 함께 사물의 속성이나 실체를 꿰뚫어 보라. 최종적으로 바라보는 것은 자신이다.'

그날 오후 나는 고고학 박물관을 관람했다. 에피다우로스의 신전에서 치유의 방법 중 하나로 독서를 하다가 오히려 치통을 앓게 되었다는 사례처럼 고고학 박물관을 샅샅이 살피며 설명하다가는 치통보다도 하품을 불러일으킬 것 같았다. 천년 세월이 지나 모든 것들은 입을 꾹 닫고 있으니 유물 하나하나까지 살펴보겠다는 갈증은 없었지만 신은 신대로 남아 있고 인간은 인간대로 이야기가 남아 있으니 전부 건너뛰기에는 아쉬웠다. 나는 피하지 않고 에피다우로스의 박물관으로 향했다.

체계적으로 근거를 통해 역사적인 사실을 잘 정리해 놓은 유물은 편집된 책과 같다. 고대 그리스의 의술 활동이 어떻게 이루어졌고 어떤 의료 기구들이 사용되었으며 정신과 육체의 관계는 어떠했는지를 직접 볼 수 있다. 가장 쉽게 알아볼 수 있는 석상이 있는데, 단연 턱수염이 난 아스클레피오스 조각상이다. 그 밖에 건강의 여신 히게이아*Hygeia*와 전투를 지휘하는 역동적인 모습으로 보이는 아프로디테 여신상이 있다. 기원전 4세기 작품을 1세기에 복제한 것으로 히게이아의 전신상도 마찬가지다. 신들은 입을 꼭 다문 채로 서 있다. 심지어 팔다리가 잘려 나가고 콧등이 사라져 없지만 사람이 아니며 신으로 숭배된 신상이니 아직까지도 신은 신인 것이다.

인체의 여러 부위를 점토나 대리석으로 만든 유물 중에는 환자가 자신의 환부를 조각으로 만들어 시술 내용을 묘사한 것들이 많은데, 신전에 봉헌된 것이거나 돌봄과 처치를 맡았던 제사장에게 일종의 기부를 한 것이다. 소화 불량에 시달렸던 환자의 처치 기록도 있는데, 치유 활동에 '도서관에서 공부하는 것'이 포함되어 있다. 그런데 이것이 오히려 치통을 유발해 올리브 기름과 같은 식료품으로 통증을 달래야만 했다는 재미난 기록도 있다. 환부를 처치하기 위한 기구들도 전시되어 있는데 청동으로 만들어진 것들이다. 아스클레피온 신전에서 외과 시술이 있었다는 것을 보여 준다. 누군가의 살갗을 가르고 환부를 제거하거나 봉합한 칼과 바늘, 족집게, 여러 가지 수술 도구가 그것들이다.

2,500여 년이 지난 그 시절 외과 수술을 상상하는 순간 멈칫한다. 두툼한 굳은살이 뱃살 깊숙이 파고든 고통의 흔적, 메스가 지나갔던 자국 위로 손을 대 보며 고통에 호소하던 시절의 기억이 생생하게 떠오른다.

의료 기구
칼과 바늘, 족집게, 환자의 외과 치료를 위한 여러 가지 도구들을 볼 수 있다. 오늘날의 메스 등이 고대 이후 실제로 많이 변하지 않았다는 것을 알 수 있다.

나는 가장 진보된 세계에서 수술을 받았다. 그러나 고통을 해소하고 남은 흔적은 여전히 원시적이다. 어쩌다 여기저기 구멍을 내고 이렇게 깊은 흔적을 남기게 되었을까. 고대로부터 미래로 달려와 숨을 쉬고 있는 건 아닐까 하는 비현실적인 상상과 함께 지난날을 회상하니 또다시 헛웃음이 난다.

어린 시절 드나들던 병원을 다시 본 것은 군인 시절 내무반에서였다. 텔레비전에서 우연히 본 장면은 의사들이 모두 포승줄에 줄줄이 엮여 경찰차에 오르는 모습이었다. 반복해 진료하고 잘못된 처방전을 연이어 내렸던 병원에 종사하는 의사 모두가 가짜 면허를 가진 것으로 밝혀져 뉴스를 장식하고 있었다.

에피다우로스에서 누군가 누구를 돌보며 치료 행위를 하고도 수 세기가 지나 우주선을 날려 보내는 시절에 벌어진 일이라니 누가 믿겠는가….

의사라면 누구나 히포크라테스에게 경의를 표하고 그의 이름으로 선서하며 의료 현장에 뛰어든다. 천재란 행성의 궤도에 날아든 혜성처럼 나타나 자신의 시대는 물론 현대에 이르기까지 세상을 밝게 비추는 사람이라고 우리는 말한다. 의술의 천재, 히포크라테스의 여러 빛깔의 말 중에 한마디가 얼마나 위대한 경고였는지를 나는 실감했다. 그는 모든 의사에게 이렇게 말한다.

"질병을 대할 때는 두 가지를 명심하라. 처치하거나, 적어도 해를 끼치지는 말라."

가짜 의사의 진료와 처방으로 고통에 시달렸던 나는 정식 의료진들과 어머니의 돌봄으로 다시 태어났다. 나를 둘러싼 환경은 아프기 전과 후로 완전히 달라졌다. 중학교 3학년이었다. 나는 지금도 그때 그 시절을 떠올리곤 한다. 그러면 인생의 앞날을 선택하는 데 가장 소중한 한순간을 잃고, 힘겹게 살아왔다는 고통스러운 기억이 스멀스멀 기어오르기도 한다. 살아난 것으로 만족했지만, 여파가 길게 이어졌기 때문이다. 하지만 질병에 저항하며 단단해진 정신은 태어난 것에 감사하는 쪽을 선택했다. 생존율 5% 진단을 받고 죽음의 문턱까지 갔던 아내 역시 돌봄 속에서 살아났다. 말하자면 우리 둘은 돌봄과 보살핌 덕으로 다시 태어났다.

다른 언어를 사용하는 낯선 사람을 유쾌하게 만나고 헤어지며, 낯설고 색다른 세계를 두려워하지 않게 된 용기에 감사했다. 길 위에서 만난 모든 이야기를 떠올리며 행복감을 누릴 수 있는 여유로움에 기뻐했으며 재물과 명예보다 가치 있다고 말하는 요소를 지니고 있음에도 감사했다. 그러므로 연연함으로 영혼을 피로하게 만들지 않았다. 잘 살고 못 사는 건 돈과 시간의 문제가 아닌 용기의 문제이며, '인생은 전쟁이 아니라 누려야 할 대상이다'라고 말하는 나의 꼿꼿한 생각에 갈등도 없다. 쫓기지 않았고 쫓지도 않았다. 까닭에 우리에게 불만족스러울 것도 불평할 것도 없다. 고통이 비로소 지혜가 되고, 고통의 통이 기쁨으로 승화될 때 우리는 비로소 행복해진다는 이치도 깨달았다. 불행을 행복으로 이끄는 사람들. 그들과 세상 한가운데서 함께 숨을 쉬고 있다는 것만으로도 우리는 감사하고 있다. 나는 지금도 히포크라테스의 철학을 이어받은 아스클레피오스의 후손들의 이름을 또렷이 기억하고 있다. 만일 그분이 생존해 계신다면 나의 여행 이야기 한 편을 꼭 전달해 드리고 싶다.

박물관 관람을 끝으로 고대 그리스의 신성한 숲을 빠져나왔다. 풍성한 나무 그늘에 둘러싸인 상점 앞에 앉아 나머지 시간을 보냈다. 신전의 사제들과 히포크라테스의 숨결이 공기 속에 떠도는 분위기가 성스럽다. 일종의 흡족한 마음이 들면서 알 수 없는 희열이 느껴졌다. 하지만, 나는 이제 조금 피곤해졌고 배도 고파졌다. 나 스스로 막을 수 있는 하루가 무척 짧고 날짜도 참으로 빨리 흘러가고 있다는 생각이 들었다. 그러면서도 여러 차례 지금 이 순간 살아 숨 쉬고 있다는 현실에 행복해했다. 그리고 누군가를 보살핌으로써 더 큰 행복감을 누려야겠다는 생각을 하자 나의 돌봄을 필요로 하는 누군가가 기다리고 있다는 사실에 더 기뻐졌다. 이쯤 해서 펠로폰네소스 여행을 마치는 것이 좋겠다.

그리고 그리스를 흠모한 헨리 밀러, 그가 에피다우로스를 여행하고 쓴 단상을 곱씹어 보는 것을 마지막으로 이곳에서의 출구를 찾고자 한다.

'인간의 질병은 마음 안에 있다고 한다. 환부를 도려내는 인간의 질병은 부차적인 것이며, 인간의 진짜 적은 세균이다. 그것은 인간이 품고 있는 자만과 편견과 오만과 독선이며, 인간이 저지르는 모든 부류의 전쟁은 인간 정신의 패배일 뿐이다.'

헨리 밀러는 이렇게 에피다우로스를 여행하며 자신의 세계관을 드러내고 자신의 철학을 아낌없이 표현해 낸다. 그리고 그는 이렇게 말한다.

'에피다우로스(Epidaurus)는 단지 장소의 상징일 뿐이며 진정한 장소는 마음속에 있다.'

그의 생각이 아주 합리적이라고 생각했다. 그리고 또 생각했다. 박물관 안에 선 모든 신이 입을 꾹 다문 채로 나에게 아무것도 가르쳐 주지 않았고, 그 이전에도 누구도 가르쳐 주려 들지 않았던 자연적인 이치를 그가 알려 주었다고. 때문에, 나는 질병에 대한 그의 철학적 사유가 몹시 이상적이라는 결론에 이르렀다. 나는 천천히, 그리고 곰곰이 헨리 밀러의 말을 떠올리며 펠로폰네소스의 여정을 정리했다. 그리고 깨달았다. 돌봄과 보살핌 그리고 치유의 땅 에피다우로스에서 만난 건 아스클레피오스의 고고학 박물관에 있던 모든 죽은 자를 살리는 아스클레피오스가 아닌 통증에 시달리던 나 자신이라는 사실을.

나이 든 여행자 부부

An old traveller couple

지상에서 가장 아름다운 모습이다. 돌봄과 보살핌이 오롯이 담겼다. 가장 위대한 치료는 여행, 그리고 사랑 아닌가 싶다. 에피다우로스는 그리스 펠로폰네소스반도에 위치한 고대 그리스의 성지로 아스클레피오스를 추모하고 치유를 원하는 사람들이 찾는 성소였다. 아테네 국제공항에서 에피다우로스까지의 거리는 약 150km이며, 차로 약 2시간에서 2시간 30분 정도 소요된다. 버스는 아테네 중심에서 에피다우로스로 가는 버스가 있다. 이동 시간은 약 3시간 정도다.

1장 헬라스의 별, 코린토스

1 「Hom. Il. 6.152」, Homer. The Iliad with an English Translation by A.T.Murray, Ph.D. in two volumes. Cambridge, MA., Harvard University Press; London, William Heinemann, Ltd. 1924.
2 니코스 카잔차키스, 「모레아 기행」, 열린책들, p.19
3 「Thuc. 3.15」, The English works of Thomas Hobbes of Malmesbury. Thucydides. Thomas Hobbes. translator. London. Bohn. 1843.
4 「Hom. Od. 11.13」, Homer. The Odyssey. Rendered into English prose for the use of those who cannot read the original. Samuel Butler. Based on public domain edition, revised by Timothy Power and Gregory Nagy. A. C. Fifield, London. 1900 (?).
5 알베르 카뮈, 「시시포스 신화」
6 「성경」, 「고린도전서」 13:4
7 「Hdt. 1.199」, Herodotus, with an English translation by A. D. Godley. Cambridge. Harvard University Press. 1920.
8 「Aesch. Ag. 1365」, Aeschylus. Aeschylus, with an English translation by Herbert Weir Smyth, Ph. D. in two volumes. 2.Agamemnon. Herbert Weir Smyth, Ph. D. Cambridge, MA. Harvard University Press. 1926.
9 「Hdt. 3.80」, Herodotus, with an English translation by A. D. Godley. Cambridge. Harvard University Press. 1920.
10 「Hdt. 5.92a」, Herodotus, with an English translation by A. D. Godley. Cambridge. Harvard University Press. 1920.

2장 황금의 땅, 미케네

11 「Aesch. Ag. 1343, 1345」, The Poetical Works of Robert Browning, volume 13. Robert Browning. London. Smith, Elder, and Co. 1889.
12 「Aesch. Ag. 1520」, The Poetical Works of Robert Browning, volume 13. Robert Browning. London. Smith, Elder, and Co. 1889.
13 「Hom. Od. 11.13」, Homer. The Odyssey. Rendered into English prose for the use of those who cannot read the original. Samuel Butler. Based on public domain edition, revised by Timothy Power and Gregory Nagy. A. C. Fifield, London. 1900 (?).
14 「Aesch. Ag. 176」, Aeschylus. Aeschylus, with an English translation by Herbert Weir Smyth, Ph. D. in two volumes. 2.Agamemnon. Herbert Weir Smyth, Ph. D. Cambridge, MA. Harvard University Press. 1926.
15 토마스 R. 마틴, 「고대 그리스사」, 이종인 옮김, 책과함께, p. 80

16 「Hdt. 7.169」, Herodotus, with an English translation by A. D. Godley. Cambridge. Harvard University Press. 1920.

17 「Hdt. 7.171」, Herodotus, with an English translation by A. D. Godley. Cambridge. Harvard University Press. 1920.

3장 가혹함의 원천, 스파르타

18 「Thuc. 1.10」, The English works of Thomas Hobbes of Malmesbury. Thucydides. Thomas Hobbes. translator. London. Bohn. 1843.

19 「Hom. Od. 4.60」, The Odyssey with an English Translation by A.T. Murray, PH.D. in two volumes. Cambridge, MA., Harvard University Press; London, William Heinemann, Ltd. 1919.

20 「Hom. Od. 4.90」, Homer. The Odyssey. Rendered into English prose for the use of those who cannot read the original. Samuel Butler. Based on public domain edition, revised by Timothy Power and Gregory Nagy. A. C. Fifield, London. 1900 (?).

21 「Xen. Cyrop. 1.2.7」, Xenophon. Xenophon in Seven Volumes, 5 and 6. Walter Miller. Harvard University Press, Cambridge, MA; William Heinemann, Ltd. London. 1914.

22 「Plut. Lyc. 30.2」, Plutarch. Plutarch's Lives. with an English Translation by. Bernadotte Perrin. Cambridge, MA. Harvard University Press. London. William Heinemann Ltd. 1914.

23 「Plut. Lyc. 28.5」, Plutarch. Plutarch's Lives. with an English Translation by. Bernadotte Perrin. Cambridge, MA. Harvard University Press. London. William Heinemann Ltd. 1914.

24 「Thuc. 1.134」, The English works of Thomas Hobbes of Malmesbury. Thucydides. Thomas Hobbes. translator. London. Bohn. 1843.

25 「Plut. Lyc. 16」, Plutarch. Plutarch's Lives. with an English Translation by. Bernadotte Perrin. Cambridge, MA. Harvard University Press. London. William Heinemann Ltd. 1914.

26 「Hdt. 7.133」, Herodotus, with an English translation by A. D. Godley. Cambridge. Harvard University Press. 1920.

27 「Hdt. 7.135」, Herodotus, with an English translation by A. D. Godley. Cambridge. Harvard University Press. 1920.

28 「Hdt. 7.228」, Herodotus, with an English translation by A. D. Godley. Cambridge. Harvard University Press. 1920.

4장 성스러운 숲, 올림피아

29 「Hom. Il. 23.365」, Homer. The Iliad with an English Translation by A.T. Murray, Ph.D. in two volumes. Cambridge, MA., Harvard University Press; London, William Heinemann, Ltd. 1924.

그리스 인문 기행 ①

초판 1쇄	2024년 6월 10일
지은이	남기환
발행인	유철상
책임편집	김수현
편집	김정민
디자인	노세희, 주인지
마케팅	조종삼, 김소희
콘텐츠	강한나
펴낸곳	상상출판
출판등록	2009년 9월 22일(제305-2010-02호)
주소	서울특별시 성동구 뚝섬로17가길 48, 성수에이원센터 1205호(성수동2가)
전화	02-963-9891(편집), 070-7727-6853(마케팅)
팩스	02-963-9892
전자우편	sangsang9892@gmail.com
홈페이지	www.esangsang.co.kr
블로그	blog.naver.com/sangsang_pub
인쇄	다라니
종이	㈜월드페이퍼

ISBN 979-11-6782-200-0(03920)
ⓒ2024 남기환